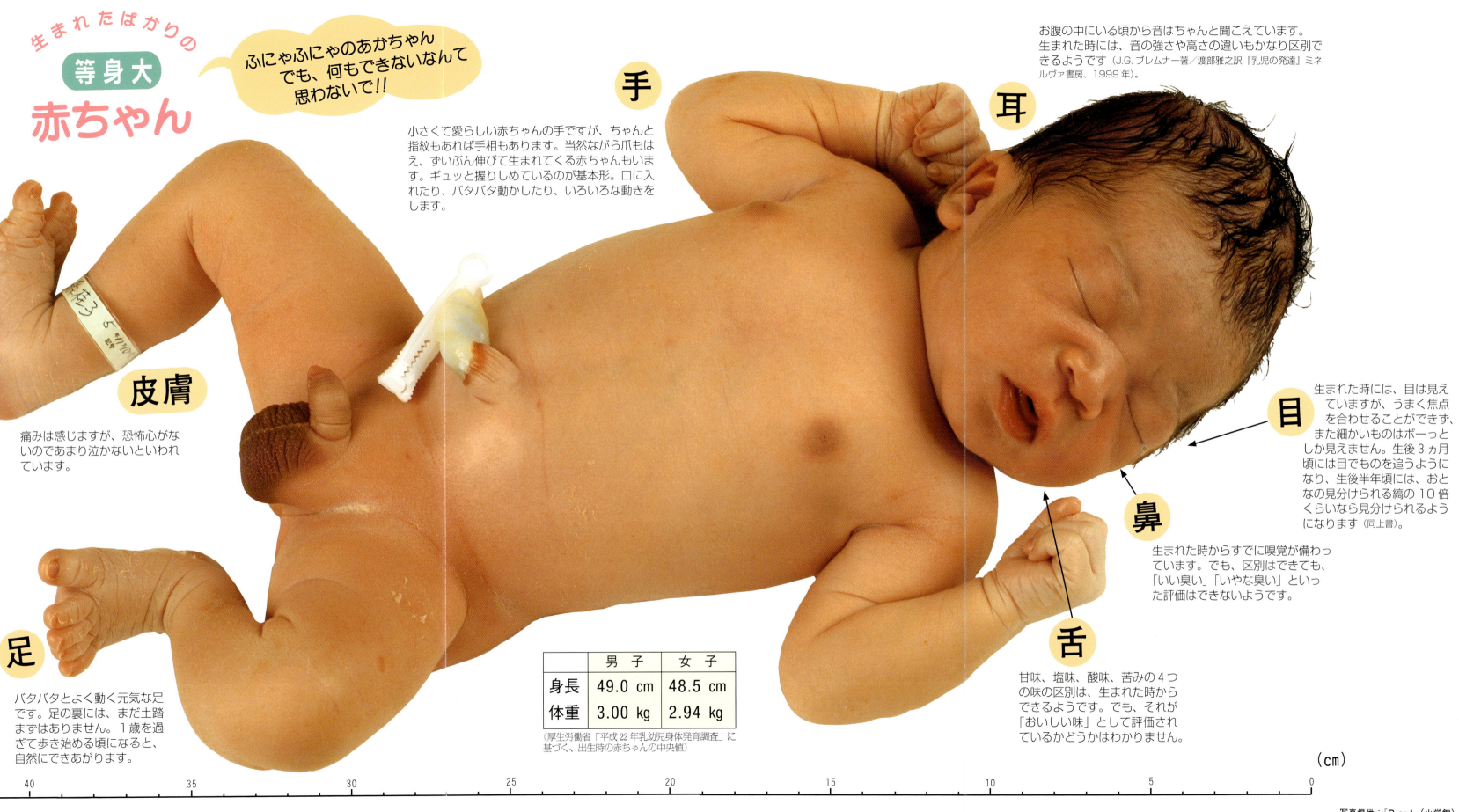

手づくりおもちゃ と あそび
0〜1歳児

はいはいの頃、にぎったり、ひっぱったり

上・下　容器の中へ、入れたり出したりを楽しむ

お座り姿勢で、つかんだり、ひっぱったり

0～1歳児
手づくりおもちゃとあそび

乗ったり、押したり、中に入ったり

大きなトンネル……はいはいから伝い歩きの子どもたち

歩きはじめた子どもが立ち姿勢で遊ぶ

クルクルまわるものがついているよ

立ち姿勢で遊べる壁面おもちゃ

2歳児のあそび····
友だちと いっしょ

お人形でゆらしあそび

ままごとあそび……おいしいごはんできるかな

ブロックでは、電車やお家やお風呂もつくれるよ

体を動かして 遊ぶ

あんよはじょうず

たかい、たかーい

三輪車のりの練習

絵本 を 楽しむ

絵カードをみる……もうすぐ1歳

絵本を友だちと楽しむ……もうすぐ2歳

改訂5版
資料でわかる

乳児の保育
Nyuji no Hoiku shinjidai

新時代

乳児保育研究会編

ひとなる書房

Prologue はじめに

　近年、社会的にも乳児保育への期待がますます高まっています。急激な少子化は止まることなく、実質賃金の減少を背景に、乳児保育を必要とする家庭は増え続け、保育所の中の乳児の比率が増えており、待機児童の多くも1、2歳児となっています。また、家庭で子育てをしている親にとっても、とりわけ不安が大きい乳児期の子育てに対して、多くの自治体で子育て支援事業が行なわれています。

　そして、乳児保育をめぐる政策が、この間矢継ぎ早に出されてきています。平成29年には新しい保育所保育指針が告示されました。そこでは、0歳児から2歳児の時期を3歳児以上とは独立させてとりあげ、その保育の重要性が改めて指摘され、記載内容が充実してきています。

　私たち乳児保育研究会は1985年の発足以来、このような社会の要請に応えながら保育士養成を行なうために、研究を積み重ね、1994年に初版『資料でわかる 乳児の保育新時代』を出版しました。幸いこの本は全国の乳児保育科目担当者、研究者の方々に好評を得、新しい情勢を反映させ、内容を刷新しながら改訂し版を重ねてきました。その間、多くの方からこの本についてのご批評や、テキストとして使ってみてのご指摘・ご要望をいただきました。また、私たち自身も自分の教育実践を振り返りつつ、目の前の学生たちの受けとめ方も含めてこの本の内容について討議を重ねてきました。そのような20年にわたる乳児保育の授業担当者、受講生と著者の集団的作業の成果がこの本です。

　初版執筆時以来この本の執筆の視点としてたいせつにしてきたことは次の3点です。

1）乳児保育は、保育学の一分野というだけでなく、社会の変動の中で生成・発展した社会的活動でもあるので、学生たちが乳児保育の成立の諸要因を多面的、構造的にとらえられる構成にすること。

2）家庭や保育所のおかれている状況も含め、リアルに実態を伝えることによって、学生の関心を高め、具体的な課題意識を育てられるようにすること。
3）そのためにできるだけ抽象的な説明に終わらずに、実際の生の資料を十分に取り入れ、また見やすく読みやすくするなど、資料の提示にも視覚的なくふうをすること。

本書が保育士養成のために、また実践の場で乳児保育にとりくんでいる保育士の方々の学習資料に活用していただけることを願っています。

2018年2月

乳児保育研究会

本書での用語について
「乳児」は、児童福祉法では「満1歳に満たない者」と定義されています。一方、保育士養成必修科目としての「乳児保育」では、3歳未満児について学ぶよう指定されています。また、保育現場では「0歳児クラス」「1歳児クラス」「2歳児クラス」を「乳児クラス」と呼びならわしています。本書では、このようなことから、0歳児クラスから2歳児クラスの子どもたちの保育を「乳児保育」として述べていくことにします。なお年度の終わりには2歳児クラスではほとんどの子どもが3歳になっています。

もくじ

はじめに　2

第1章　乳児の発達と保育　10

1　生涯発達からみた乳児の時期とは　10
① 人生の輝かしい幕あけ──人間として生きていく力の土台づくり　10
② 人の間で「人間」になり、まわりも自分も変えていく　12

2　0・1・2歳児の発達の特徴と保育の中でたいせつにしたいこと　13
① 0歳児　13
　❶ 0歳前半（生後6ヵ月まで）　13
　❷ 0歳後半（7ヵ月〜1歳0ヵ月）　15
② 1歳児　18
　❶ 1歳前半（1歳0ヵ月〜1歳6ヵ月）　18
　❷ 1歳後半（1歳7ヵ月〜2歳0ヵ月）　21
③ 2歳児　22
　❶ 2歳代　22
　❷ 3歳代　26

3　保育の中で乳児の発達を見つめる視点　27
① 友だちとの関わりの中で育つ　27
② まず目の前の子どもの姿からスタート　28
③ ○○が「できる」「できない」というけれど……　28
④ 発達の芽を見つけ、育てる　29
⑤ 発達の主人公は、子ども自身　30
⑥ 見通しを持ちながら「今」をみつめ考える　30

第2章　乳児保育の内容と方法──（1）基本的生活を中心に　34

1　乳児保育で目指すもの　34
① 乳児保育の目標とねらい　34
② 目標から計画　そして内容・方法へ　36

2　保育園の一日　36
① 登園から降園まで　36

② 生活リズム　38
③ 乳児にとっての大人という存在　38
④ 長時間保育への配慮　39

3　基本的生活の内容と方法　40

① 生活環境と安全　40
② だっこの仕方と方法　44
③ 食事の関わりと環境構成　44
　❶ 0歳前半——調乳方法と環境構成　44
　❷ 0歳後半——離乳食の方法と環境構成　46
　❸ 1歳児期——スプーン指導と偏食指導　46
　❹ 2歳児期——食育・クッキング　51
④ 排泄の関わりと環境構成　52
⑤ 清潔　52
　❶ 0歳児期——沐浴の仕方と環境構成　52
　❷ 1〜2歳児期——衣服着脱の指導方法と環境構成　55
⑥ 睡眠　56
　❶ 睡眠リズム　56
　❷ 保育園の午睡　56
⑦ 健康観察の視点と記録　56

4　特別な配慮を必要とする子ども　57

① 病気がちの子ども　57
② 与薬の必要な子ども　58
③ アレルギーの子ども　58
④ 障がいや発達上の課題のある子ども　58
⑤ 虐待など不適切な養育が疑われる場面で　59
⑥ 「外国にルーツのある子ども」の対応　60

第3章 ● 乳児保育の内容と方法——（2）あそびを中心に　62

1　あそびのあり方と保育実践　62

① 大人とともに遊ぶ　62
　❶ 0歳児期　62
　❷ 1歳児期　63
　❸ 2〜3歳児期　64
② ものと遊ぶ　65

- ❶ 0歳児期　66
- ❷ 1歳児期　68
- ❸ 2〜3歳児期　69
- ③ 友だちとともに遊ぶ　69
  - ❶ 0歳児期　69
  - ❷ 1歳児期　72
  - ❸ 2〜3歳児期　72
- ④ 全身を使って遊ぶ（運動あそび）　73
  - ❶ 0歳児期　73
  - ❷ 1歳児期　74
  - ❸ 2〜3歳児期　76

2　あそびと環境　77

- ❶ 落ち着ける環境　77
- ❷ 積極的に戸外へ　77
- ❸ 室内の環境──動きが生まれる環境　80
- ❹ 友だちとつながれる環境　80

3　あそびにおける保育士の役割　81

4　あそび文化　81

- ❶ 絵本とのはじめての出会い　82
- ❷ 絵本のすばらしさ　82
- ❸ 絵本の選び方と読み聞かせのポイント　84
- ❹ その他の参考資料　84

第4章　保育の記録と計画　88

1　子どもの姿・活動の記録　88

- ① メモをとること　88
- ② 記録はなぜ必要か　89
  - ❶ 子どもの行為の意味を考察し、子ども理解を深めていく　89
  - ❷ 自分自身の保育について俯瞰的に振り返る（内省）　90
  - ❸ 子どもを観察する力を高める　90
- ③ どのような記録があるか　92
  - ❶ 保育日誌　92
  - ❷ エピソードの記録　92

        ❸ 家庭との連絡帳　92
      ④ 記録をとること　94
        ❶ 何を記録するのか──視点は何か　94
        ❷ 具体的に書こう　94
        ❸ 記録の内容について考察しよう　94

  2 保育の計画──全体的な計画と指導計画　95
      ① 全体的な計画とは　95
      ② 全体的な計画と指導計画の必要性　96
        ❶ 乳幼児の権利を尊重し、成長の見通しを確かめるために　96
        ❷ より充実した保育を実現するために　96
        ❸ 個々の子どもの発達過程に即した関わり・環境を考えるために　96

  3 全体的な計画から指導計画へ　98
      ① 指導計画とは　98
      ② 全体的な計画と指導計画と週案、日案とのフィードバック関係　98

  4 指導計画を作成するときにたいせつなこと　98
      ❶ 「全体的な計画」を羅針盤にして　98
      ❷ 0・1・2歳の子どもの生活年齢と発達課題をふまえること　99
      ❸ 子どもの実態を把握すること　99
      ❹ 家庭での生活とのつながりを考えること　100
      ❺ 一日の生活リズムと睡眠環境を整えること　100
      ❻ 保育内容の構造を考えること　101
      ❼ 保育環境や生活空間を生かして　101
      ❽ 職員の役割分担を決め、協力体制をとること　101

  5 さまざまな指導計画　102

第5章 ● 乳児保育と子どもの発達・親としての発達　108

  1 3歳までは母の手で？　108

  2 子どもの発達と乳児保育　111
      ① ボウルビー学説のその後　111
      ② 子どもの発達と保育経験　111
      ③ 保育の「質」の重要性　112

④「規制緩和」下での「保育の質」低下の懸念　114

3　親としての発達に関連する要因　116

① 子どもと関わる時間　116
② 母親の育児ストレス　116
③ 育児経験と育児への意識　118
④ 子どもの個性と親の育児への自信　118
⑤ 親子の絆をつくる条件　122

4　子どもと親の発達を保障する保育所　123

第6章 ● 保育士のあり方をめぐって　126

1　乳児保育担当者の実際　126

① 乳児保育＝複数担任のよさとむずかしさ　126
② 乳児保育の楽しさとむずかしさ　127

2　保育士のあり方　130

① 子ともにとっての保育士　130
② 親にとっての保育士　130
③ 職員集団の中の保育士　134

3　保育士を目指して　135

第7章 ● 乳児保育のあゆみ　138

1　萌芽期から発展期へ──1953〜1975年頃まで　138

① 乳児保育のはじまり──「赤ちゃんを預かる保育所がほしい」　138
② 対照的な乳児保育のとらえ方　139
③ 小規模保育所制度の導入　140
④ 乳児保育特別対策　142

2　保育内容の充実と保育要求の多様化──1975〜1990年頃まで　143

① 保育実践と理論の発展　143
② 産休明け乳児保育の位置づけの確定　143

③ ベビーホテル（育児産業）問題　144

3　保育所機能多様化と乳児保育の一般化——1990年頃〜2010年頃まで　146

① 「保育所機能拡大」政策　146
② 待機児童の解消を目指して　146
③ 少子化対策にみる乳児保育　148

4　多様化するニーズに対応する乳児保育——2010〜2015年頃　152

① 家庭的保育事業の法制度化　152
② 病児・病後児保育　154
③ 一時預かり事業　158
④ 地域子育て支援センター事業　159

第8章　乳児保育の現状・課題とこれから　162

1　子ども・子育て支援新制度　162

① 子ども・子育て支援新制度による新しい施設　162
② 入所の手続き——保育必要量の認定　164
③ 保育にかかる費用——公定価格と保育料　166

2　改定保育所保育指針と乳児保育　168

① 3法令の同時改訂（改定）　168
② 改定保育所保育指針のポイント　168
③ 改定保育所保育指針と乳児保育　170
④ 改定保育所保育指針の課題　171

おわりに——公的な保育の中での乳児保育の充実を　172

コラム1　かみつきへの対応　32
コラム2　乳児保育のクラスの大きさは？　43
コラム3　子どもの貧困と保育所の役割　61
コラム4　子育て支援——地域の人々とともに子どもの育ちを支える　161

巻末資料　乳児保育をめぐるおもな動き　174
もっと深く学びたい人のために　175
執筆者紹介　176

第1章 乳児の発達と保育

1 生涯発達からみた乳児の時期とは

① 人生の輝かしい幕あけ――人間として生きていく力の土台づくり

　系統発生的な進化によってこの地球上に登場したヒトは、「万物の霊長」といわれるほど高度の文化を持つ存在となりましたが、生まれたばかりのヒトの赤ちゃんは、あまりにも未熟で無力に見えます。本書折り込みのカラー写真のように、人間の子どもは、誕生時の姿が成人とかなりかけ離れており、歩行までに1年以上かかるなど、運動機能はまったく未成熟であり、無防備で、養育なしでは生きてはいけません。

　しかし、図形が提示されると、その特徴をつかもうと集中的に注視する（**資料1-1**）など、生まれてまもない赤ちゃんでも、人間は、まわりの世界からの刺激に対して敏感に反応します。視覚・聴覚・触覚・味覚・嗅覚などの感覚機能は、すでに急速に発達し始めているのです。

　また、人の声を聞き分け、人の顔（中でも目）をじっとみつめて声を出すなど、大人の働きかけを誘い出す力も持っています。母親が自然な調子で話しかけると、その声のリズムやことばの切れ目に合わせて手足を動かし、それを見て母親がまた声をかけるやりとり（エントレインメント）や、同調行動、共鳴動作（**資料1-2**）などのように、社会的相互交渉（コミュニケーション）への志向性とその基礎的な能力を、人間の子どもが生まれながらに備えていることは、保育の観点から見ても、注目すべきたいせつなことでしょう。

　このように、人間の子どもは、未熟で無力に見えるその姿の中に、じつ

資料1-1　乳児の視覚的走査の発達

　生後一日の新生児に三角形の図形を見せると、その頂点の1つをとらえて、そこへの集中的な注視を行なう。それが図形の特徴への選択的走査であることは、図形が何もない空白の視野のときには、水平方向への広範囲な走査を行なうこととの比較からわかる。ただし、図形の1つの特徴をとらえてしまうとそこに注意が固定されてしまうという限界があり、1ヵ月でもそうである。図形すべての特徴にわたる広範囲な走査ができるのは2ヵ月以降のことである。

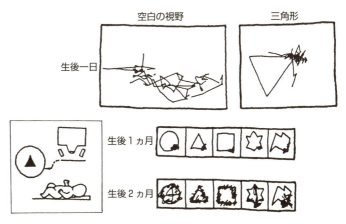

Salapatek & Kesseen, 1966年とSalapatek, 1975年にもとづき作成
出所：高橋道子他『子どもの発達心理学』（新曜社）

資料1-2　大人のしぐさをまねる新生児

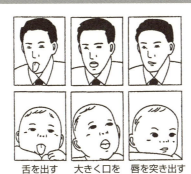

舌を出す　　大きく口を開ける　　唇を突き出す

出所：Meltzoff, A. N., & Moore, M. K., Imitation of facial and manual gestures by human neonates. Science, 198, pp.75-78, 1977 にもとづき作成

資料1-3　エリクソンによる人間性の発達段階

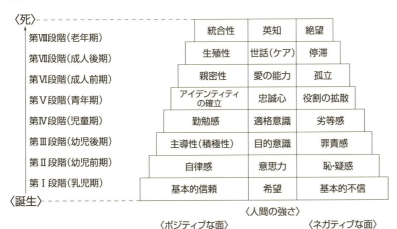

出所：岡堂哲雄「人間のライフサイクルと精神の健康」R・I・エヴァンズ（著）、岡堂哲雄・中園正身（訳）『エリクソンは語る──アイデンティティの心理学』新曜社、1981、p.157を改変

は一人ひとり豊かな発達可能性を秘めています。人間の発達は、子どもの時期だけで止まってしまうわけではありません。生涯かけて人間は発達し続けるのです。乳児の時期は、いわばその人生の輝かしい幕あけです。

エリクソンも述べているように（資料1-3）、人間性・パーソナリティの発達から見ても、乳児期（0～1歳）は基本的信頼感、幼児前期（2～3歳）は自律性が築かれるたいせつな時期と位置づけられます。0・1・2歳児期は、まさに、これから人間として発達し生きていく力の土台づくりの時期と言えましょう。

② 人の間で「人間」になり、まわりも自分も変えていく

ところで、こうして持って生まれた発達可能性も、適切な社会的刺激がなければ花開きません。藤永ら（1987）によると、日本のある町で発見、保護された幼いきょうだい、姉F（6歳）と弟G（5歳）は、両親がいても、食事や排泄の世話もされることなく養育遺棄されたため、発達が著しく妨げられました。母性的養育、文化的刺激、言語的刺激が発達初期から奪われたまま育ち、栄養状態も劣悪な中で、発見当時、言語は姉2語、弟0語で、歩くこともできず、体格、運動、心理面ともに1歳程度の発達レベルだったのです。このように、人間は、ヒトの子として生まれただけでは、人間としての発達を遂げられません。しかし、FとGは幼い頃、知的・社会的に閉ざされた劣悪な環境に置かれても、その後、両親のもとから救い出され、乳児院で手厚い保育を受けることにより、発達の遅れを徐々に取り戻し、やがてハンディを克服し社会人となることができました。

このように、人間の子どもは、人間社会の中で、さまざまな人と関わりながら、人間的な愛情にあふれた働きかけを十分に受けて、人に対する信頼感を深め、人間らしい能力を獲得していくのです。その意味でも、乳児保育のあり方は、とてもたいせつです。

しかし、人間の赤ちゃんは、けっして受け身ではありません。生まれて数ヵ月でも、まわりの人や物に気持ちを向け、自ら関わろうとしています。子どもからの働きかけに対して、まなざしや声、表情などから、その子の思いや要求をよみとり、適切な反応を返していくこと（応答的環境）が求められます。

他の動物と違って本能に拘束されず、環境に対して能動的に働きかけ、

まわりを変え、さまざまな葛藤をのりこえていくことで、自分をも変え、新しい力を獲得することができるのが人間です。幼い子どもたちの姿の中に、そんな人間としての育ちを感じとり、日々感動しながら、その育ちをあたたかく励まし支える保育を追求していきましょう。

2 0・1・2歳児の発達の特徴と保育の中でたいせつにしたいこと

　新しい保育所保育指針（平成29年告示、平成30年4月施行）では、発達区分が「乳児」（1歳未満）と「1歳以上3歳未満児」の2つに再編されていますが、ここでは保育所における3歳未満児クラスの年齢ごとに発達を見ていきます。

① 0歳児

❶ 0歳前半（生後6ヵ月まで）

●発達の特徴（資料1-4）

a　新生児期（生後1ヵ月まで）

　1日の大半を眠って過ごしますが、目覚めている時は、原始反射により外界に適応し、感覚機能や人への反応が発達し始めます。

b　自力で体を移動させることができない

　新生児期の原始反射が消え、代わって大脳を中心とした中枢神経系の成熟に伴い、随意運動があらわれ始めます。3～4ヵ月頃になると、あおむけに寝た姿勢で両手首を持って引き起こすと、首が遅れずについてくる（「首がすわる」）状態になります。さらに5～6ヵ月頃には、腹ばいで腕を伸ばして体を支えたりなどもしますが、目標に向かって自力で体を移動させることはまだ困難です。

c　自らの目・耳・口・手などの感覚器官を通して、外界を受けとめ、刺激をどんどん取り入れる

　動くおもちゃを追視したり、音の出るおもちゃを手で振って音を楽しんだり、口に入れてなめたりしながら、外界への関心を広げていきます。そ

の際に、あやしてくれる大人との情動的交流が重要になります。

d　4ヵ月頃、新しい発達の力が芽ばえる

　大人に気持ちを向け、あやすと声を出して笑ったりなど、大人といっしょにいる楽しさがわかってくると、さらに大人の働きかけを期待して、自らほほえみかけたりするようになります。このような力は、続く0歳後半以降の重要な基礎となります。

●この時期の保育でたいせつにしたいこと

a　生活リズムづくり…ぐっすり眠り、パッチリ目覚めて、機嫌よくいっぱい遊び、たっぷり食べる（飲む）

　1〜2ヵ月頃から目覚めている時間が長くなってきます。目覚めている時間を機嫌よく過ごすことで、大人の働きかけをゆったり受けとめたり、いろいろなおもちゃで遊んだり、手足を十分に動かしたりでき、活動意欲の促進や丈夫な体づくりにもつながります。一人ひとりの入園までのリズムをつかみながら、家庭との連携をたいせつに、24時間の生活の中でのリズムを考えていきましょう。

b　姿勢をいろいろ変えることで、気分を変え、あそびを広げる

　自力で姿勢を変えることがまだ困難なので、ときどきあおむけの姿勢からうつぶせにしたり、ベビーラックに座らせたり、子どもがいろいろな姿勢をとれるよう配慮しましょう。視界も変わり、気分も変わって、あそびを機嫌よく楽しむことにつながり、生活経験も広がります。

c　大人と向かい合っての楽しいあやしあそびをたっぷりと

　0歳児期は、豊かな人格を形成していくうえで不可欠な、人と関わる力を育てる第一歩です。大人といっしょに楽しく遊ぶことは、この時期の子どもの主導的活動である「大人との情動的交流」を引き出すことになります。0歳前半は、大人からあやされてほほえんだり声を出して笑ったりする「おはしゃぎ反応」がよく見られます。これは、あやしてくれる大人を受けとめた社会的な笑いであり、コミュニケーション活動の基礎として重要な意味を持ちます。また、大人が目を合わせながら笑顔であやすことで、気持ちも開き、手足の動きは活発になり、発声も豊かになって、全身運動の発達や言語獲得の基礎も築かれていきます。大人に遊んでもらうことを楽しみ、期待する気持ちを育てたいものです。

d 子ども同士が意識できるように

となりに寝ている子をさわったりじっと見たりなど、他児への関心の芽ばえは、この時期にすでに見られます。腹ばい姿勢でお互いに顔が見えるようにして、間におもちゃを置くなどのくふうもしてみましょう。

❷ 0歳後半（7ヵ月〜1歳0ヵ月）

●発達の特徴（資料1-5）

a 自力で姿勢を変え、目標に向かって体を移動させることができる

5ヵ月頃からねがえりをするようになり、自力で姿勢を変え、移動する力を身につけると、子どもの動きは目に見えて活発になってきます。8〜9ヵ月頃からは、はいはいで好きなおもちゃを取りに行ったり、テーブルにつかまり立ちしておもちゃで遊んだり、伝い歩きなども始まり、目が離せなくなります。

b 自ら外界に働きかけて、能動的に変化をつくり出す

はいはいが活発になり、自由に移動できるようになると、周囲のいろいろな物に働きかけることへの志向性が高まります。おもちゃを両手に持って打ち合わせて遊んだり、ティッシュペーパーの箱からティッシュを次々にぬき出したり、探索活動がさかんになる中で、物と物との関係や性質を理解していきます。その際に、子どもは大人の顔を見ながら指さしたり、物を示したり、大人との関わりも積極的に求めてきます。大人の中でもとくに「大好きな大人」ができ、安心して気持ちを通わせながら、さらに外界への関心を広げていきます。

c 10ヵ月頃、新しい発達の力が芽ばえる

「大好きな大人」に気持ちを寄せていく姿は、大人の動作をさかんに模倣したり、ボールのやりとりや、はいはいでのまてまて追いかけっこなどの共感的なあそびを大人と楽しむ中で、よく見られます。とくに物の受け渡し、指さして人に伝える、共同注意など、物を仲立ちとして人と気持ちを共有する「三項関係の成立」は、会話の原型としてもたいせつです。こうした大人との共同活動を通して、子どもは大人のしていることに興味を持ち始めます。1歳頃からは、大人の言うことや行動に「意味」があることに気づき、取り入れようとして、大人のしていることや使っている物をさらによく見るようになります。このような力は、続く1歳前半の発達の

資料1-4　0歳児の発達のおおよそのめやす（その1）——0歳前半

機能領域＼月齢	1～2ヵ月頃	3～4ヵ月頃	5～6ヵ月頃
全身運動	●各種の原始反射が現れやすい ●あおむけ…左右非対称の姿勢 ●うつぶせ…屈曲姿勢	▶消え始める ▶手足の伸展（左右対称の姿勢） ▶首がすわる（ひじで身体を支え、少しの間、頭を上げていられる）	▶たいていの原始反射は消失 ▶足と足を合わせたり、手で足を持ったりして遊ぶ 頭を上げ、両腕を伸ばして手のひらで支える ●ねがえり
手指操作	●両手を軽く握っている	●手が開いてくる ガラガラをもたせるとしっかり握る	●両手を合わせて遊ぶ ●見た物をつかもうとする ●手がもみじ状に開く
言語・認識	●物や人を注視 ●音がすると動作を止める ●泣き声の変化 　クーイング（・アー・ウー　など） ●漠然とした生理的興奮（未分化）	●180°追視 ●人の声と物音を聞き分ける ●喃語（・アブー・アバー　など） ●快・不快の分化	●360°追視 ●喃語の活発化（・ブーブー・バーバー・アバババ） ●音のする方へ目を向ける
対人関係	●あやしてくれる大人の目を注視	●あやすとほほえんだり声を出して笑う（おはしゃぎ反応） ●子ども同士、仲間への関心のめばえ（さわる、じっと見る）	●イナイイナイバーに声を出して笑う ●大人にほほえみかける ●おはしゃぎ反応の活発化 ●他児といっしょに声を出す
食事・排泄・睡眠など	●一日の体重増加量33～40g ●胃の許容量50～100cc前後 ●溢乳や生理的吐乳がある ●百日咳や水痘にはかかるが、麻疹やおたふくかぜにはかからない（先天的免疫あり） ●腹式呼吸	●4ヵ月で出生時体重の2倍 ▶170cc ▶少なくなる ●風邪にかかるがひどくならない。夏季熱やアトピー性皮膚炎が出てくる。突然死がある	●6ヵ月で出生時体重の2.5倍 ●食物アレルギーが出てくる 乳児下痢嘔吐症にかかりやすい 先天免疫がなくなり感染症にかかりやすくなる
	●だいたい3時間ごとの授乳　80～100ml ●空腹で目覚め、満腹で眠る生活リズム ●夜間は2回程度の授乳	●3～4時間ごとの授乳　120～140ml	●4時間ごとの授乳 ●離乳食が始まる ●はじめての食品は舌で押し出したり、顔をそむけて拒否 ●満腹になると哺乳びんを手ではらいのける
		●排尿間隔が短い	▶少しずつ間隔が長くなり、眠っている間に排尿しないこともある
		●昼間は3回睡眠（授乳間隔によって睡眠のリズムがつくられていく）	▶

Chapter ❶ 乳児の発達と保育

資料1-5　0歳児の発達のおおよそのめやす（その2）——0歳後半

月齢 機能領域	7～8ヵ月頃	9～10ヵ月頃	11～12ヵ月頃
全身運動	●おなかを中心に方向転換 ●ずりばい ●**おすわり**	●**はいはい** （ずりばいから四つばいへ） ●つかまり立ち	●高ばい ●伝い歩き ●片手支え歩き
手指操作	●自ら物に手を出してつかむ ●物を一方の手から他方の手へ持ちかえる ●小さい物をかきよせてとろうとする（熊手状把握）	●**両手に物を持ち、打ち合わせて遊ぶ** ●**容器の中の物を次々と出す** ●小さい物を指先でつまもうとする（はさみ状把握）	●**物を容器に出し入れするあそびを好む** ●小鈴を指先でつまむ （ピンチ〈くぎぬき状〉把握）
言語・認識	●喃語がさらに活発化 （アブアブなど） ●**大人に対する能動的発声**	●**反復喃語**（マンマンなど） ●**音声や動作の模倣の活発化** ●名前を呼ばれるとふりむく ●「ダメ」がわかる ●指さし理解 ●志向の手さし、指さし ●**三項関係の成立** （物の受け渡し、指さして人に伝える、共同注意など）	●要求の初語（マンマなど） ●名前を呼ばれると手を上げる ●鏡に写った自分がわかり、笑いかけたり、ほおずりしたりする ●**要求の指さし** ●**発見、定位の指さし**
対人関係	●**人見知り** ●子ども同士で物のとりあいが始まる ●じっとみつめたり、顔を合わせ笑う	●分離不安が始まる——— ●大人とゆさぶりあそびを楽しむ ●他児と同じことをして共感しあう姿も見られ始める	➤強まる ●大人と共同あそび（ボールのやりとり、イナイイナイバー、かくれあそび、まてまて追いかけっこなど）がさかんになる→子ども同士でも共感的なあそびを楽しみだす
食事・排泄・睡眠など	●母胎免疫がなくなり、風邪の症状が重くなってくる ●突発性発疹で初めての高熱が出やすい ●冬の下痢症にかかりやすくなる ●乳歯がはえ始める ●消化能力がついてくる 　胸式呼吸	●外気温に影響されやすい ●ほとんどの食品に慣れて消化能力がついてくる	●出生時体重の3倍 ●胃の許容量450cc ●腸重積が少なくなる ●大泉門が閉じ始める 　　　　　　　　　　　➤
	●1日2回の食事をとる ●食べ物を見ると手を伸ばす ●スプーンやコップを持とうとする	●1日3回は食事をとる ●ビスケットなどを手に持ち食べる ●好きなものや嫌いなものが出てくる ●コップを持って水や牛乳を飲むことができる ●食べながらもまわりが気になる	●食べたいものを指さし「マンマ」と要求 ●スプーンを使おうとしたり、手づかみで食べようとする ●食卓のものを払いのける
	●1回の尿量が増し、回数が減る	●排尿間隔が長くなる	
	●昼間は2～3回睡眠——————————————————————————➤安定化 　　　　　　　　　　　　　●1日の睡眠時間　　　　　　➤13時間 　　　　　　　　　　　　　　13時間以上		

17

重要な基礎となり、乳児期から幼児期への橋渡しである「1歳半のフシ」をのりこえる力につながります。

● この時期の保育でたいせつにしたいこと

a　魅力あふれる生活場面づくり

1日の活動の節目には必ず「さあ、マンマ食べようね」などのことばかけをして、生活にアクセントをつけていくことがたいせつです。また、「何だろう？　やってみたいな」と興味を引き出し広げるような楽しいあそびのくふうや、保育士もいっしょにはいはいしたり歌ったりなどの楽しい雰囲気づくりも、たいせつにしましょう。

b　大人との楽しいあそびの中で、気持ちのやりとりをたっぷりと

ねがえりやはいはいなど自力で移動する力を獲得し、活発に動くようになると、大人とのあそびもダイナミックなものを好むようになります。タカイタカイやシーツブランコなどを楽しむ中で、平衡感覚が養われるだけでなく、大人との気持ちのやりとりも深まっていきます。

c　子ども同士の関わりが広がるように

この時期になると、おもちゃのとりあいの他、コップを一人の子がトントンとテーブルに打ちつけると、他の子もまねし始め、顔を見合わせて笑ったりなど、同じことをして共感し合う姿も見られだします。「○○ちゃんにもあげてね」「○○ちゃんも～してみようか」などのことばかけをしながら、子ども同士関わっている場面をたいせつにしましょう。

② 1歳児

❶ 1歳前半（1歳0ヵ月～1歳6ヵ月）

● 発達の特徴（資料1-6）

a　表象（イメージ）の世界の出現

「ワンワン」「マンマ」「ブーブー」などの一語文が出て、コミュニケーション要求が高まり、「～もってきて」などのかんたんな言語的指示も理解できるようになるに伴い、子どもの内面にもしだいにイメージの世界があらわれてきます。目の前にその物が実際になくても、頭の中に思い浮かべることができ始めるのです。絵本の中のイチゴをつまんで食べるふりを

Chapter 1 乳児の発達と保育

資料 1-6　1歳児の発達のおおよそのめやす

機能領域＼年齢	1歳前半	1歳後半
全身運動	ひとり立ち ●ひとり歩き 〔歩くことそのものが楽しい／フラフラ、うろうろ歩き〕	●歩行の安定化 〔目的や方向性のある歩行へ〕 ●しゃがむことができる ●階段を1段ずつ足をそろえながら昇降 ●方向転換の行動（行く-戻る）
手指操作	●指先への力の集中 ●2つの物を「合わせる」あそびを好む ●なぐり書き	●対象的行為の獲得 （スプーンですくって食べるなど） ●可逆の指さし ●円錯画（ぐるぐる丸） ●積み木を3個以上積む
言語・認識	●一語文 〔ワンワン、ニャーニャー／ブーブーなど〕 ●指さしがさかんになる ●～するふりなどの「つもり」行動の芽ばえ	●一語文の広がり→二語文へ ●「○○チャンモ」「○○チャンノ」 ●「～もってきて」などの大人のことばかけを受けとめ、行動する ●自分なりの「つもり」（意図）の強まり →「イヤ！」
対人関係	●大人に対してバイバイやイヤイヤの身ぶり ●大人をあそびにさそい共同あそびを楽しむ ●自分でやってみたい気持ちの芽ばえ （自我の芽ばえ） ●分離不安がいっそう強まる （あと追い、大泣き） ●大人の意図や行動の意味を理解し始める ●友だちに向けた行動 〔抱きつく、泣いている子の上へ馬乗りになる、など〕	●かんたんなお手伝い（～をもってきて）に応じ、ほめられると喜んでする ●だだこね、「イヤ！」（自我の拡大） ●大人とまてまて追いかけあそびなどを楽しむ ●友だちとおもちゃのやりとりやトラブルが多くなる 〔○○チャンノ！／ダメ！　かみつきなど〕 ●友だちと同じことをやりたがる （○○チャンモ）
食事・排泄・睡眠など	●1歳で出生時体重の3倍（約9～10kg） ●1歳で出生時身長の1.5倍（約75cm） ●随意神経活動が活発になる ●消化や代謝も成熟してきて、なんでも食べられるようになり、吸収もよくなる ●離乳食から幼児食へ移行 ●「食べさせてもらっていた」ことから自分で自分の好みにあったものを選んで食べることができ始める ●食べる量も、むらのある時期からよく食べる時期へ変化（1歳半すぎ） ●スプーンやフォーク、食器を使い始める ●尿を膀胱にためることができるようになるが、失敗（おもらし）することもまだ多い （行きつ戻りつしながら、だんだんと確立の方向へすすむ） ●昼間は1回睡眠へ移行（1歳前半）	

するなど、初歩的な「つもり」の行動も見られるようになります。

b　自我の芽ばえ

まだ上手に使えないのに食事時にスプーンを持ちたがり、自分で食べてみようとするなど、自分でやってみたい気持ちが芽ばえ始めます。

c　大人との共同活動がいっそう活発になる

1歳頃から、大人のしていることや使っている物に関心を示し、お母さんのお化粧クリームを顔にぬってみたりなど、自分も大人と同じようにやってみたい気持ちが高まってきます。

一人歩きができるようになって体を動かすことが大好きな1歳児は、大人（保育士）との追いかけあそびをたいへん喜びます。散歩の途中犬をみつけると「ワンワン」と目を輝かせながら指さして教えたり、何か拾っては「アッタヨ」と見せに来ます。このような大人との共同活動を重ねる中で、大人からのことばかけによって気持ちを向け行動する力が育っていきます。

●この時期の保育でたいせつにしたいこと

a　物との関わりや友だちとの関わりが広がるように

「入ったねー」などと入った喜びに共感し、子どもの行動を受けとめ意味づけながら、「これも入れてみようか？　入るかな？」などとことばを添えて、穴に積み木を入れてみましょう。穴にポットンと入れるあそびが、いっそう楽しくなります。

物との関わりを広げる、このような大人の働きかけはたいせつです。また、2～3人の子ども同士でカーテンを間にはさんでイナイイナイバァーあそびをする姿などをたいせつにし、保育士も加わっていっしょに楽しんでみましょう。自分と同じように泣いたり笑ったりする「友だち」への関心を育てることにつながります。

泣いている子のそばに寄っていって慰めるのではなく、上に馬のりになるなど、友だちへの関心が「手さぐり」的な行動となってあらわれてきます。「○○ちゃん泣いてるね。どうしたのかな？」などと声をかけながら、友だちへの関心が適切な形で伝わり広がるような配慮をしましょう。

b　「1歳半のフシ」を豊かにのりこえられるように

0歳前半から1歳前半までの発達をていねいにふまえ、とくに4ヵ月頃と10ヵ月頃に芽ばえる新しい発達の力がしっかり育っているかどうか保育

の中でよく観察し確認しましょう。大人とのあたたかい情動的交流の基礎のうえに、大人との共同活動を通して、大人の行動の「中身」や「意味」に対する関心が高まるような楽しい魅力的な生活・保育内容をくふうしたいものです。

❷ 1歳後半（1歳7ヵ月～2歳0ヵ月）

●発達の特徴（資料1-6）

a　表象の世界が広がり、自我が拡大する

具体的な物や絵本などから、自分の生活場面でのイメージを重ね、「お母さん」のつもりになって、背中に人形をおんぶしたりする姿が見られるようになります。

「新聞もって来て」とかんたんな用事を1つたのむと、新聞を取りに行き、ちゃんと持って来てくれるなど、目的的な行動も可能です。

また、「○○チャン」と自分を呼んだり、「○○チャンノ」と持ち物に対する「自分のもの」意識がはっきりしてくるなど、自我が拡大していく姿が見られます。大人から一方的に「～しなさい」といわれると、「○○シタイ」という自分なりの「つもり」（意図）とぶつかり、「イヤ！」とだだをこねて、大人を手こずらせることも多くなります。

b　大人と同じようにやってみたい気持ちがさらにふくらむ

お母さんがしているように自分もクシで髪をとかしてみようとしたり、「○○チャンモ」とお茶わんを洗いたがったりなど、大人と同じようにやってみたい気持ちはどんどんふくらみます。かんたんな道具（スプーンなど）なら、用途に合った使い方（「対象的行為」）ができるようになります。

●この時期の保育でたいせつにしたいこと

a　見通しを持ちやすいように

1歳後半の子どもは、目的的な行動が可能といっても、1つの目的を持つとそれで気持ちがいっぱいになってしまい、すぐにでもその行動をやり遂げようとします。「～してから○○しよう」という少し先の見通しを持って行動することがまだむずかしいのです。具体的に物を見せながら「この○○を持ってお散歩に行こうね」など、わかりやすいことばかけをくふうしてみましょう。また、着がえの時など、子どものお気に入りのパ

ンツを何枚か自分でロッカーから持ってこさせて、並べて示し「○○ちゃん、クマさんのパンツとライオンさんのパンツ、いいねー。どっちはこうか？」と、子どもが自分で考えて選べるような場面をつくるのも、見通しのある行動を育てるうえでたいせつです。

 b イメージが豊かにふくらみ、友だちとの共感を楽しめるように

 1歳後半の子どものあそびによく見られる食べるまねやおふろに入って洗うまねは、日常生活場面そのものから生まれてきます。お玉やなべ、石けん、タオルなど身のまわりの物をいろいろ用意して、保育士もいっしょに遊びながら、「おいしいね。ごはんもほしいなあ」など、イメージがふくらむようなことばかけをくふうしてみましょう。また、友だちといっしょにやりたい気持ちが育ってきて、同じことをして楽しむ姿もよく見られるようになるので、子ども同士の共感的な関係が楽しく広がるような仲立ちをしたいものです。

 c 自分なりの思いの育ちをたいせつに

 自分でやってみたい気持ちや自分なりの「つもり」が強まってくるので、トラブルも多くなりがちですが、まずはしっかりと思いを受けとめ、次の行動へ自分から切りかえて移っていけるよう、働きかけをくふうしてみましょう。

 d 外あそびを十分に

 いろいろな容器を用意して、水や砂、土など変化する素材を十分に使い、体を動かして遊ぶ楽しさを思いきり味わえるようにしましょう。散歩に出かけ、みんなで花や虫をみつけたりさわってみたりするのも楽しいものです。視、聴、触の感覚をフルに使うことは、感覚機能を高めるだけでなく、子ども同士の共通の生活体験を広げ、あそびのイメージをふくらませることにもつながります。

③ 2歳児

❶ 2歳代

●発達の特徴（資料1-7）

 a みたて・つもりあそびを楽しむ

 自分なりのイメージがふくらみ、ブロックを長くつなげて「シンカンセ

資料1-7　2歳〜3歳代の発達のおおよそのめやす

機能領域＼年齢	2歳前半	2歳後半	3歳前半
全身運動	●ころぶことなく上手に歩ける ●両足とび（その場で） ●階段を足を交互に出して昇り1段ずつ足をそろえて降りる	●走る ●片足上げ ●足を交互に出して昇降できる	●走る　●よじのぼる ●とびおりる ●両足連続とび ●手すりにつかまらなくても一人で階段を昇り降りできる ●三輪車を押して歩く（こぐのはまだ困難）
手指操作	●両手に道具（シャベルやカップ）をもって遊ぶ ●びんのふたを回せる ●粘土をちぎったり丸めようとする	●道具の使用の広がり（ハサミ、ハシなど） ●ホックをはめる ●砂や水で、カップやシャベルを使ってみたてあそび ●折り紙を折りこもうとする ●大人が作ったモデルを見て積み木でトンネルやトラックを作る ●閉じた丸を描き、○○とみたてる　○「ぞうさん」	●ハシを使い始める ●ハサミの連続切りができるようになる ●クレヨンなどで、自分なりの「つもり」をもって描こうとする
言語・認識	●単語数の急増→三語文へ ●歌の一節をうたう ●「アノネ…アノネ…」と一生懸命話そうとする ●「コレハ？」「コレナアニ？」とさかんに質問する ●ジュンバン、オンナジ、イッショ ●ミンナノ、〜ミタイ、ということばが大好き ●大小比較	●絵本のストーリーがわかってくる ●見通しをもった行動（〜してから…する） ●順番がわかり、待てるようになってくる「カシテ」「イレテ」「マゼテ」 ●大小、多少、長短などの比較ができる	●おしゃべりがさかんになる ●形容詞（カワイイなど）も増える ●なんでも珍しく、興味の対象になり、「ドウシテナノ？」とさかんに質問する ●楽しかったことや恐かったこと、見たり聞いたりしたことをよく覚えている ●3までの数や色の名前がわかる（赤、青、黄、緑） ●台形や菱形など細かな形の違いも弁別できる
対人関係	●だだこねから自己復元へ ●ほめられて得意になる ●友だちととりあい、トラブル ●友だち同士、共感的なあそびも広がる （追いかけっこ）	●「自分デ！」と何でも自分でやろうとする反面、「デキナイ」とやってもらいたがる ●「見テテ！」と自分のすることを認めてほしがる ●友だちを「アソボウ」とあそびにさそう ●友だち2〜3人とみたて、つもりあそび ●友だちをなぐさめたり、思いやる行動も出てくる	●自己主張が強まり、大人にことばで反抗する反面、泣いて大人を求めたり甘えたりもする ●自分でできたことを「ミテミテ」と認めてもらいたがる ●友だちとの自己主張のぶつかりあいもまだ多い反面、友だち数人とみたて・つもりあそびやごっこあそびを楽しむ
食事・排泄・睡眠など	●出生時体重の約4倍（約12kg）───→約5倍（約15kg） ●出生時身長の約1.8倍（約90cm）──→約2倍（約100cm） 　●感染に強くなる 　●消化・吸収・免疫の力がほぼ確立		
	●食事の好き嫌いがはっきりしてくる ●2歳前後から急速に新陳代謝が高まり、食べる量も急に増える	●ハシを使って食べる ●落ち着いて食事ができるようになる	
	●失敗もあるが、「オシッコ」と知らせ、トイレで排泄できるようになる ●排便時間も固定してきて、1日1回程度になる	●自分でパンツを脱いで排泄できるようになり、昼間は失敗しなくなる	
	●昼間の1回睡眠が安定化（午睡は1時間半〜2時間）夜間もあまり起きなくなる	●午睡（1時間半〜2時間）夜間もぐっすり眠るようになる	

ン」をつくり、溝を走らせて遊ぶなど、みたて・つもりあそびがさかんになります。2歳前半では、自分のイメージで各自思い思いに楽しんでいますが、大人（保育士）の仲立ちにより、2歳後半には一人ひとりのイメージがつながり、2～3人の友だちとあそびを楽しめるようになってきます。

b　話したい気持ちがいっぱい！　でも、ことば足らず……

身近な大人に「コレ、ナアニ？」とたずねながら物の名前をおぼえ、単語の数も急に増えて、二語文から三語文へと移行していきます。発音がまだ不明瞭で、思いを十分に伝えきれませんが、「アノネ、アノネ……」と一生懸命に話そうとします。

c　自我の拡大から充実へ

パンを自分で半分に分けたいと思っている時、お母さんが先に分けてしまうと泣いて怒ったり、パジャマのボタンがうまくはめられないので大人が手を貸そうとすると、「ダメ！　自分デ！」と怒り、手を払いのけて自分ではめようとします。自分なりに「～したいのに」とか「～でないとイヤ」という「つもり」がはっきりとあり、自我の拡大も1歳後半より内実のある自己主張へと変化していきます。

2歳後半になると、衣服の着脱や食事、排泄など、自分一人でできることが増えてきて、何でも「自分デ」と言って一人でやろうとします。その反面、「デキナイ！」と大人の支えを求め、一人で上手にできないところを大人に手伝ってもらいながら自分でやってみようとする姿も見られるようになります。また、自分がするのを「見テテ」と見てほしがり、できたことを認めてほしがります。大人からあたたかく見守られていることを実感しながら自分でやろうとし、自立の方向へ向かっていきます。泣いている友だちを「ドウシタノ？　ダイジョウブ？」と気遣ったり、おもちゃを友だちに貸してあげたり、相手の思いに気づき、思いやる行動も見られ、自我の深まり（充実）が感じられます。

●この時期の保育でたいせつにしたいこと

a　みたて・つもりのイメージがさらに広がり、友だちといっしょに楽しめるように

一人ひとりのあそびのイメージをたいせつにしながら、子ども同士イメージを共有したり交流し合ったりして、さらに楽しく遊べるようにくふうしてみましょう。この時期は、大人（保育士）が仲立ちすることで、あ

そびが豊かに広がることも多いものです。

　たとえば、一人の子が「ハイ、プリン。ドウゾ」と持ってきたカップを保育士が「あら、どうもありがとう。いただきます」と受け取り、本物のプリンを食べるようなふりをして「あー、おいしかった！」と言うと、他の子たちも次々と「ハイ、コーヒーモ、ドウゾ」「コレハ、ケーキデスヨ」などと持ってきます。1つずつ受け取り食べるふりをして「あー、いっぱい食べすぎて、おなか痛くなっちゃったよー」としゃがみこんだりすると、別の子が「ピーポーピーポー」と救急車で駆けつけてきたりするといった具合です。

　このように保育士が関わることで、子どもたちのイメージはつながり、子ども同士の関わりはさらに広がっていきます。みんなでいっしょに楽しめるような、追いかけっこなどのあそびを多く取り入れてみるのもよいでしょう。

b　話したい気持ちをたいせつに、大人に伝えたくなるような豊かな生活体験を

　言語の発達を促すたいせつなものの一つとして、人に伝えたい、話を聞いてほしいというコミュニケーション要求があります。

　「忙しいからあとでね」と言ったり、先取りして言ってしまったりせず、子どもの「今、話したい、聞いてほしい」気持ちをたいせつに、きちんと向き合って、根気よくじっくり話を聞くようにしましょう。

　子どもが、自分を受けとめてもらえた喜びから安定した気持ちで話し、もっとお話してみたい気持ちがふくらむよう心がけたいものです。

　こんなことがあったよ、あんなことをしたよと伝えたくなるような、楽しいさまざまな生活体験もたいせつです。新鮮な驚きや喜び、感動を伴った実体験は、みたて・つもりのイメージを広げ、あそびをより楽しいものにしていくことにもつながります。

c　自分でやってみたい気持ちをたいせつにしながら、基本的生活習慣の確立を目指す

　自分でできるところは自分でやってみるよう励ましながら、上手にできないところはさりげなく手伝い、いっしょにとりくむ中で、子どもが「自分でできた」喜びを十分に味わえるようにしたいものです。必要以上の手出しはひかえ、あたたかく見守りながら、生活面での自立を目指しましょう。

　たとえば、食事では、大人に食べさせてもらうのではなく、自分で最後

まで食べられるようになるとか、スプーンや皿、おわんなどを正しく使って食べられるようになることなど。排泄では、自分で尿意を感じ、一定時間がまんでき、トイレで排泄できるようになること。着脱では、かんたんなものなら一人で着がえができるようになることなどです。

❷ 3歳代

●発達の特徴（資料1-7）

a　おしゃべりを楽しみ、ことばで自己主張

「ナイナイする」などの赤ちゃんことば（幼児語）が消え、単語数もさらに増えて、自分の思いや要求を伝えるのにあまり不自由しなくなります。子ども同士かんたんな会話を楽しんだり、我れ先に話そうとする姿が見られるようになります。しかし、相手の立場を考えて妥協するなどはむずかしく、言い出すとなかなか後に引きません。まわりの大人に反抗したり友だちとの衝突も多くなってきます。

b　なんでもやりたがり、知りたがるが、気持ちの揺れ動きも多い

「大きい（小さくない）自分」を意識し、いろいろなことに興味を持って挑戦してみようとしますが、「できる―できない」を気にし始め、とまどったり尻込みしたりする姿も見られるようになります。「ミテミテ」と訴えたり、泣いて大人を求めたりすることもまだ多く、弟や妹が生まれると「赤ちゃん返り」をすることもよくあります。

c　数人でごっこあそびがさかんになる

子ども同士、群れてごっこあそびを楽しむ姿がよく見られるようになりますが、おうちごっこでみんながお母さん役になっているといったように、役割分担がまだはっきりしていないことも多いものです。

●この時期の保育でたいせつにしたいこと

a　自分の思いをしっかりことばで表現できるように

自分のしたいことやしたかったことなどを何とか伝えようとする姿を認め、子どもの伝えたいことを根気よく励ましながら聞くことがたいせつです。子ども同士のトラブルに対しては、両方の言い分をよく聞き、「～しようと思ってたのに……」と行き違っている話を整理して解決の糸口を示してやることも必要でしょう。

b 「できない」とか「失敗」とかにこだわらず、あたたかいまなざしで見守り支える

「本当はとてもやってみたい」気持ちがあることをたいせつに、とまどいながらもやってみようと心が前向きに動くように、あせらずゆったりと見守り、さりげなく励ましましょう。何かのきっかけで不意に甘えたくて、子どもが大人を求めてきた時には、それに応じてやれる心の余裕もほしいものです。

c ごっこあそびを十分に楽しめるように

おうちごっこやお買い物ごっこなど、イメージ豊かに楽しめるように、きれいな色のスカーフやスカート、バッグ、エプロンなどいろいろ用意してみましょう。子どもたちといっしょに色紙をちぎったり、粘土を丸めたりして、ごちそうやお店の品物をつくってみるのもよいでしょう。

3 保育の中で乳児の発達を見つめる視点

① 友だちとの関わりの中で育つ

歩き始めた子を見て刺激されたのか、まだ歩けない子が一生懸命床から立ち上がろうとしています。保育園の０歳児クラスでよく見かける光景です。子どもは、大人との関わりの中でだけ育つものではありません。子ども同士の世界も、豊かな発達のためには必要です。０～３歳という幼い子どもたちにとっても、「仲間」はたいせつな意味を持っています。

生まれてわずか数ヵ月でも、子どもは互いに手にふれたりみつめ合ったり、いっしょに声を出したり、他の子どもに対して気持ちを向けた行動を示します。はいはいや一人歩きなどで移動できるようになると、おもちゃの取り合いなどのぶつかり合いも増えますが、カーテンでイナイイナイバァーあそびを子ども同士で楽しむ姿などもよく見られるようになります。このような中で、０～３歳の子どもたちは互いに意識し合い、「○○ちゃんみたいに自分もやってみたい」思いをふくらませ、対等な「仲間」とのつき合い方を学んでいくのでしょう。

その過程を仲立ちしサポートするのが、まさに保育士のたいせつな役目

です。まずは、子どもが互いの「存在」に気づけるように、さらには互いの「思い」や「要求」に気づけるように、そして互いにみたてやつもり、ごっこなどのあそびのイメージをやりとりし広げ合うことができるように、考えとりくんでみましょう。

② まず目の前の子どもの姿からスタート

「１歳すぎになると、かたことを話すようになる」などとよく言われますが、「何歳頃、何ができる」というのは、あくまでも「めやす」です。それにとらわれたり、あてはめたりして安易に子どもを「診断」してしまわないよう気をつけましょう。

０〜３歳という時期は個人差も大きいので、その時期に一般にできるとされていることができないことをどう見るかはむずかしい問題です。

発達の遅れや弱さが、器質的な障がいによるものなのか、環境や育て方によるものなのか、あるいはその両方なのか、保育の中で働きかけをていねいにしながら、家庭と連携して経過を見ていくことがたいせつです。いつでも相談できる専門機関との連携体制も必要です。

また、同じ年齢の子どもでも、「育てやすい子」と「育てにくい子」がいることも知っておきましょう。おとなしくて手がかからないといわれる子どもは、育てやすいからと、あまり手をかけられずにいることがあります。十分な働きかけをして活発な反応を引き出すことがたいせつです。一方、泣いたりぐずったりして扱いにくい子どもは、育てにくいということで、大人からの働きかけも不十分だったり不適切になったりしやすいものです。発達のめやすをふまえながらも、子どもの気質やタイプに合わせて働きかけをくふうしてみること、つまり目の前の子どもの姿からスタートすることがまずたいせつです。

③ ○○が「できる」「できない」というけれど……

よく「Ａちゃんは○○ができる」とか「Ｂくんは△△ができない」とかいわれますが、たんに「できる」か「できない」かを見るのではなく、どのように「できる」のか、どのように「できない」のかをしっかり見る必要があります。

たとえば、はいはいが「できる」ようになったといっても、どんな這い方をしているかよく見てみましょう。足の親指で床をけらずに両ひじだけで体を引き寄せて前進するような這い方だったりすることがあります。

「できる」ように見えても、しっかりしたでき方になっていない場合には、丸めた布団の上を這って越えるあそびなど、足の親指のけりを引き出すような楽しい働きかけをくふうしてみましょう。

子どもの活動意欲を育てながら弱い部分を克服できるように、配慮していくことが基本的にたいせつです。

また、できるようになった力を、子どもが生活のいろいろな場面で発揮しているかどうかもポイントです。たとえば、1歳半以降ことばの数が増えた子どもは、覚えた単語をさまざまな場面で活用するようになります。しかし、Cくんは「ワンワン」ということばを覚えて知っていても、絵本やポスターやお散歩で犬を見ても関心を示しません。こういう場合、その後「ワンワン」からなかなかことばが増えていかないことがあります。「ワンワンいたねー」と大人が声かけして確認したり、関心を引き出すような楽しい働きかけもくふうしながら、「でき方の広がり」をていねいに見ていきましょう。

④ 発達の芽を見つけ、育てる

「できない」ように見えることの中にも、よく見ると「できる」ようになっていく芽があります。これを見つけ出し、育てていくことがたいせつです。

たとえばDちゃんは2歳児クラスですが、話せることばの数がなかなか増えません。しかし、保育士の話しかけることばはよく理解し、行動できます。保育士に伝えたい気持ちはいっぱいで、目を輝かせながら、身ぶり手ぶりも交えて表情豊かに伝えようとします。保育士や友だちのことばもまねて言ってみようとします。Dちゃんのこのような姿は、豊かなことばを話すことが「できる」ようになるための力を着実に蓄えてきており、ことばの「発達の芽」が育ちつつあることを示すものでしょう。

保育士は、こうした芽をていねいに見つけ、保育の中でやがて花開くように、じっくり根気よく育てていきたいものです。

⑤ 発達の主人公は、子ども自身

　伸びていく力のもと（発達の原動力）は、子ども自身の中にあります。子ども自身の意欲・要求をもとに、子どもの中の矛盾をのりこえて、発達は進むのです。

　たとえば、子どもが牛乳をコップに入れて、両手でコップを持って飲むようになる過程を考えてみましょう。はじめ、子どもは両手でコップを持って一人で飲むことはできません。しかし、まわりの月齢の高い子や保育士がコップで牛乳を飲むのを見て、自分も同じようにしてみたいと思うようになります。この時、子どもはコップを一人で持って飲んでみたいという意欲・要求につき動かされて、まだ一人では飲めない（両手でしっかりコップを持てないなど）という子どもの中の矛盾をのりこえ、コップを持って飲もうとするのです。その際、保育士が、コップを持ちやすいように配慮したりすることにより、やがて子どもは一人でコップを持って牛乳を飲めるようになるでしょう。

　このように、発達の主人公はまさに子ども自身であり、大人（保育士）は、子ども自身の意欲・要求を育てる援助者として、たいせつな役目を担うと言えましょう。

⑥ 見通しを持ちながら「今」をみつめ考える

　保育の中で子どもたちの発達をみつめていくにあたっては、どんな子に育ってほしいのか、どんな人間になってほしいのか、保育士としての「願い」を持つことが必要です。そのうえで、「今」この子にとって何がたいせつか、何が必要なのかをよく考えることが求められるところです。自分一人の考えにとらわれて「ひとりよがりの保育」になってしまわないよう気をつけましょう。

　保育士同士、また子どもの親ともよく話し合って、何よりもまず目の前の子どもの姿をしっかりみつめ、まだ上手に自分の思いや要求を表現できないことも多い0～3歳の子どもたちの心の声に耳を傾け、子どもたちといっしょに毎日の保育をつくっていく気持ちがたいせつでしょう。そんな積み重ねの中で、見通しを持って子どもの発達をていねいにあたたかいま

●引用・参考文献
・内田伸子『幼児心理学への招待』サイエンス社、1989年
・心理科学研究会編『育ちあう乳幼児心理学』有斐閣、2001年
・藤永保ら『人間発達と初期環境』有斐閣、1987年

なざしで的確にとらえられる保育士、子どもとともに育ちあえる保育士に、着実に育っていきたいものです。

● 演習課題

（1）0～3歳の子どもと実際に関わる機会を積極的に持ってみましょう。いっしょに遊びながら発達のようすを観察してみましょう。0・1・2歳児それぞれどんな関わりを喜ぶでしょうか。

（2）1～3歳にかけての自我の発達に対して、保育士としてどんなことに配慮し、どんな保育のくふうをしていったらよいでしょうか。学んだことをもとに、自分なりに考えてみましょう。

（3）次ページのコラム1「かみつきへの対応」を読んで、次の2点から考え、グループで話し合ってみましょう。
　①Iくんはなぜかみつくのか。
　②もし自分がIくんの担任なら、保育士としてどんな対応や保育のくふうをしてみたいか。

コラム1

かみつきへの対応

かみつきをめぐって……新米保育士の悩み

　保育士1年目で0歳児クラスの担当になったAさんは、夏頃に「かみつき問題」にぶつかり悩んでいました。Aさんの悩みを聞くと、「1歳2ヵ月になった子どもがとくに理由もなく他の子にかみつき、慌てて『メッ!』と怒るとかみついた子どもは泣き出してしまいます。かまれた子どもには歯型がつき、先輩保育士からは『気をつけてみてね』と言われるが、あっという間のことなのでどうしたらいいかわからず悩んでいます」とのことでした。

　かみつきは、1〜2歳頃の集団保育の場でよく起こります。その対応については、新米保育士に限らず悩むものです。とりわけ痛々しい歯型の痕がつきますので親も驚きます。ここでは、新米保育士さんの悩みに応え、参考になる実践を紹介します。

1歳前半のかみつき……保育のとりくみ

　ある研究会でB保育士が次のような実践を出しました。4月、育児休暇あけで入所してきたIくんが、間もなく「かみつき」を始めました。室内滑り台を登っているとき、目の前の他の子の足をガブッ、おもちゃを取ろうとして他の子の上に乗りガブッと、やはりあっという間のできごとです。乳児クラス担当を何回も経験していたBさんでしたが、はじめはIくんのかみつきをなかなか読み取れませんでした。保育の手立てを模索し、あそびの中で、Iくんと楽しい関わりを持ち、そしてIくんが友だちとも楽しく関われるような保育を心がけることにしました。Iくんをよく見ていると「扉開けボード」が好きで、中の絵を期待しながら扉を開けていますが、B保育士に共感を求めるようなしぐさはなく、ひとりで遊んでいます。そこで横から「アッうさぎいたね」と声をかけるとB保育士を振り返るようになり、次の扉を開ける時は、B保育士の存在を感じながら絵を確かめ、振り返ってうれしそうに「アッ」と声をだすようになりました。あそびの場面でIくんと共感できるようになると、B保育士もIくんのまなざしから思いをくみとることができるようになりました。かみつきそうになる場面もわかるようになり「Iくんはこれで遊びたかったのね、こっちにもあるよ」とIくんの思いをまずはくみとりました。ことばが1語ずつ増え自分の思いを相手に伝えることができ始めると、Iくんはかみつきも減り、友だちを求める気持ちが育ってきました。（この実践は『季刊保育問題研究』206号、吉戸瓔子さん「友だちを求める気持ちに寄り添って」に掲載されています）

　かみつきそうな場面にのみこだわって子どもをみるのではなく、この時期にとって必要な人との関係づくりから実践したB保育士は、さすがベテランと言えます。1歳前半では、子どもにとって保育士が安心できる存在になると、保育士に依拠して安定してまわりの世界を取り込むことができるようになります。

1歳後半から2歳頃のかみつき……自分の思いをガブッ！

　友だちと同じおもちゃを持っているのだけれど、友だちの持っているのがよく見えて取り合いになりガブッ、自分の思い通りにならずガブッなど、この頃になるとかみつきの原因も読み取りやすくなってきますが、保育の切り替えの時間帯などで保育士の手が足りない時などにかみつきがよく起こるのです。わかりやすい場面を紹介します。

　昼寝に移行する時間帯に着替えの終わった子どもたちが保育士に絵本を読んでもらっていると、隣のクラスにあそびに行っていたしんちゃんが帰ってきて、いちばんいい場所に座ろうと割り込んできました。そこにいたあいちゃんの髪の毛をぎゅっとつかんで押しのけたので、あいちゃんは後ろ向けに倒れてコンと頭を打ち泣き出してしまったのです。その時、隣に割り込んできたしんちゃんの肩をのぞみちゃんがガブッとかみました。泣いているあいちゃんに気を取られている一瞬の出来事です。（月刊『ちいさいなかま』455号「なぜかみつくの？」西川由紀子さんより編集）

　この場面を見ると、子どものそれぞれの思いがわかります。この頃の子どもには、「お口で言ってね」「そんなことしたらお友だち痛いよ」「かんだからお友だち痛いって泣いてるよ」とかみついたり倒したりすることはいけないことだと伝えます。そして「しんちゃんも絵本みたかったんだね。いれてって言ってね」と働きかけます。また、かまれた子どもには痛みを和らげる手当てなどの配慮がいります。友だちとの関わりをことばで表現できるようになると、かみつきもなくなっていきます。

かまれた子ども、かむ子ども……親の思いをくんでの対応

　かみつきをめぐっては親への対応も大事なことです。とりわけ、かまれた子どもの親には、保育でかみつきをとめられなかったことを謝罪するとともに、状況と保育の対応をお迎え時に直接または連絡帳で伝えたいものです。かみつきがでている子どもの親にも伝えざるをえない場合もありますが、責任は保育にありますので、くれぐれも子どもを怒ったり非難したりしないように親に伝えます。かみつきの時期に入る頃にクラス懇談会などで、この時期の子どもの発達、とりわけ自我の育ちとことばの育ちに関連して「かみつき」などについて、親と保育士がともに学び合い交流する場をつくるようにしたいものです。

第2章 乳児保育の内容と方法

（1）基本的生活を中心に

1 乳児保育で目指すもの

① 乳児保育の目標とねらい

　近年、保育所に通う乳児・低年齢児は増加の一途をたどっています。これは、出生数が増えたというよりは、共働きやシングルマザー・シングルファザーの増加によるものです。保育所の乳児保育が増加し、特別なことではなくなってくると、幼児の保育同様、その質が問われるようになりました。できるだけ家庭に近い環境で安全で快適に過ごすことに加えて、子どもたちのつながりの中で一人ひとりの子どものより豊かな発達を目指すことが求められるようになりました。

　乳児・低年齢児に限らず、保育所での保育は、すべて保育の目標や目指す子ども像を視野に入れたさまざまな計画にもとづいて実践されています。保育の目標や子ども像は「こんな子どもに育ってほしい」という保育士の願いや「こんなことをたいせつに保育しよう」という目当てです。『保育所保育指針（平成30年4月施行）』では保育の目標の第1に「……保育所の保育は、子どもが現在を最も良く生き、望ましい未来をつくり出す力の基礎を培うために、次の目標を目指して行わなければならない」として、6つの目標をあげています。もちろん、全国の保育所がこれと同じ目標を掲げているわけではありません。対象とする子どもの年齢、それぞれの園の歴史や保育観、子ども観や親の願い、また地域の特色などを反映させた目標や方針を掲げています。**資料2-1**は、N市内の保育園がそれぞれに掲げている保育の目標や方針の抜粋です。

| 資料2-1　3歳未満児保育の保育目標・方針などの例 |

A保育園 （産休明け～2歳）	◎保育目標 1．子ども一人ひとりが、安心できる環境をつくる。 2．子ども一人ひとりが、自立できるように援助する。 3．子ども一人ひとりが、人や物などの関わりを通じて人として育つことを援助する。
B保育園 （産休明け～2歳）	◎保育目標 1．ひとりひとりの個性を尊重し、その十分な発達を援助する 2．安心して楽しく生活し、信頼感と協力の喜びを知る 3．生きる力の基礎をつくる 4．豊かな情緒を育てる
C保育園 （産休明け～2歳）	◎保育園理念 1．だれもが安心して預けられる保育園 2．お母さんの子育ての悩みに応えられる保育園 ◎保育基本方針 　お父さん、お母さんたちといっしょに保育園と家庭とが連携しながら子育てできることを大切にしています。
D保育園 （産休明け～2歳）	1．子どもたちが愛されているという安心した気持ちを大切にした、安定した環境を整える。 2．楽しく生活する中で、ひとりひとりを大切にしそれぞれの可能性を引き出しながら、思いやりの心を持った子どもに育てる。
E保育園 （産休明け～3歳）	1．1人1人の子どもがゆったりと気持ちよく生活できるよう、生活リズムを大切にした保育をしています。 2．「仕事」も「子育て」も大切にしたい父母の要望に寄り添えるようにしています。 3．ゆったりとした雰囲気の中で乳幼児期に必要な生活習慣を身につけ、集団生活を通して自立心を養います。 4．四季折り折りの自然に親しみ、動植物にふれる中で、探求心を養います。

②目標から計画　そして内容・方法へ

どんなにすぐれた保育の目標が掲げられていても、それだけで子どもが十分に発達するわけではありません。また、楽しく見通しの持てる実践（内容と方法）ができるわけではありません。目標を実現するためには、さまざまな計画が必要になります。計画の中で、内容や方法、配慮すべきことがらなどが明記されていきます。保育の計画については、第4章で詳しく学びますので、ここでは、計画の重要性を強調しておきたいと思います。

2　保育園の一日

①登園から降園まで

保育園の一日の流れは大まかに決まっています（資料2－2）。この決まった流れを、デイリープログラムまたは日課と呼びます。

登園から降園までの一日の活動を見てみると、保育園での乳児の生活は、大きく2つに分けられることに気づくでしょう。

1つは、生命の維持や健康の保持を目的とする活動で、基本的生活と呼ばれます。生命の維持や健康の保持は、子どもの存在そのものの基本となるもので、いくらすぐれた活動を企画しても、これがないがしろにされては活動は成り立ちません。基本的生活活動は、保育士との情緒的信頼関係を基礎に、一人ひとりの子どもが主体的に活動して、自発性の意欲を高めるとともに、自分への自信を持つことができるよう成長過程を見守り、適切に働きかけることが求められます。基本的生活活動には、食事、睡眠、排泄、清潔などに関わる内容と、健康増進のための特別な活動や安全確保に関わる活動が含まれます。

もう1つは、あそびと呼べる活動です。必ずしも結果を求めず、子どもが楽しいとかおもしろいと感じることを重視する活動です。

この両者は、明確に区別されるものではありますが、そうでないものもあります。年齢が小さいほど、基本的生活に関わる活動が多く、そのほと

資料2-2　保育園の一日

● 7時半〜9時頃　登園　　● 9時頃　朝のおやつ　　● 9〜10時頃　室内あそび

● 10〜11時頃　園外散歩

● 11〜12時頃　給食　　● 12時半〜14時半頃　お昼寝　　● 15時頃　おやつ

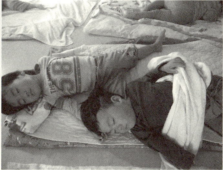

● 15時〜お迎えまで　縦割り保育　　● 15時半〜　順次降園

写真提供：清明山保育園・きたちくさ保育園（いずれも名古屋市）

んどは大人の手によってなされます。成長するにつれて、基本的生活を自立的に営もうとするようになり、その多くが人間らしい生活の習慣として身についていくようになります。さらに、保育園生活を快適に営んでいくために必要な、生活上の約束や決まり事を身につけることも目指されます。

　大人の直接的な手が、どの程度必要とされるかは子どもの発達の程度によって異なりますが、基本的生活は養護的な側面が強く、大人の責任が問われる活動でもあります。

② 生活リズム

　望ましい生活リズムを身につけることのたいせつさは、かねてから言われていたことですが、生活リズムを方向づける睡眠のリズムを早いうちに確立していくことは、言うまでもなく必要なことです。しかしながら2010年度「幼児健康度調査」（日本小児保健協会　平成22年度幼児健康度調査委員会）によれば、3歳以下の子どもの30％程度が10時以降に寝ています。10時以降に就寝する1歳6ヵ月児30％、2歳児35％で、この傾向は、平成12年度と比較すると20％ほど改善されており、幾分夜更かしをする子どもが減少していると言えます。乳幼児全体でみても「9時までに就寝する」がもっとも多く全体の49％で、平成12年度と比べても8％増加しています。夜更かしはたんに、眠気のために午前中の活動が活発でなくなるというだけではなく、成長過程でも大人になってからでも重大なデメリットを引き起こすことが近年になって指摘されています。

　保育園での生活リズムは、家庭で生活する乳幼児に比べてはるかに規則的ではありますが、睡眠リズムは家庭生活の仕方と大いに関連があります。睡眠、食事や排泄の自立についても、子どもの意欲や能力を総合的に考慮して、家庭と連携しつつ、周到に計画的に進めていきましょう。

③ 乳児にとっての大人という存在

　赤ちゃんにとって大人は、たんに守られ要求を満たしてくれる存在としてだけではなく、相互に関係を持ちたいと思える能動的な対象であり、人間的なやり方を学ぶモデルでもあります。この意味で赤ちゃんが人間らし

く育っていくには、大人の存在は欠かせないと言えます。

　保育所保育指針には、しばしば"特定の保育士"や"特定の大人"ということばが登場します。この"特定の"というのは、個々の乳児にとって"特定の"ということです。子どもから見て、「この人は自分にとって、ほかの保育士とは違ういちばん近い大人なんだ」思える存在が乳児の安定した生活と発達にとって必要だということです。このような子どもにとって特定の担当者という意味で「担当制」を取り入れている園もあります。詳しくは第6章で述べています。

④ 長時間保育への配慮

　近年、一日の保育時間がのびる傾向にあります。とりわけ3歳未満児の保育では、早朝から夜にかけての延長保育が一般的になってきています。一つのクラスを複数で担当するうえに、長時間の保育を何人かでシフトを組んで行なうことが当たり前になっています。そこでひとりの子どもが一日に出会う保育士の人数はかなり多くなることもあります。

　この場合たいせつなのは、子どもの状態や留意するべき事項をしっかり引き継ぐことです。口頭でまた記録で大事なことを漏らさないように十分注意して引き継ぎましょう。迎えに来た親に朝からのようすを聞かれたとき、「自分はその場にいなかったからわかりません」と答えるのではなく、「朝からの担当の記録によれば、熱は出なかったようですよ」とか「お父さんとバイバイしたらすぐにブロックで遊び始めたようです」など、記録や引き継いだことをもとに、誠実に、親が安心するように伝えたいものです。

　指導計画の作成にあたっても、早朝や夕方の延長保育についての活動や配慮をないがしろにしないようにします。

　1日10～11時間にも及ぶ長時間の保育は、担当者が変わるだけでなく、保育する場所やともに過ごす仲間が変わることもあります。場所が変わることもメリットにできるよう、よりアットホームな雰囲気や、個々の乳児に専用のクッションやカップなど、精神的にも身体的にもリラックスできる環境を用意しましょう。

3 基本的生活の内容と方法

① 生活環境と安全

　3歳未満児は、自分自身の視点を中心に周囲を見るという特徴を持ち、まわりの環境を視野に入れたり他者の思いを考慮して動いたりということが、まだ十分にはできません。そのため、ケガやトラブルが起こりやすいと言えます。保育士はいつも子どもから目を離さないようにします（**資料2-3**）。自分の体の状態を認識することも十分ではなので、休息や水分補給にも気をつけましょう。

　平成30年度実施の保育所保育指針によると、第3章3項の「環境及び衛生管理並びに安全管理」では、「施設の温度、湿度、換気、採光、音の環境を常に適切な状態に保持するとともに、施設内外の設備用具等の衛生管理に努めること」とされています。具体的に、平成24年厚生労働省環境ガイドラインでは、「季節に合わせ適切な室温（夏期26～28℃・冬期20～23℃）、湿度（約60％）の保持と換気が必要」「遊具等の衛生管理は、直接口に触れる乳児の遊具は、その都度湯等で洗い流し、干す。また、午前・午後と遊具の交換を行う。その他の遊具は適宜、水（湯）洗いや水（湯）拭きを行う」と示されています。乳児期はとくに、何でも口に入れて確かめる感覚運動期ですので、口に入れて危ない物はまわりに置かない、子どもが触れるおもちゃ・床・カーペットも清潔にしましょう。

　日本の保育園における**音響空間**の現状は、平均値80デシベル（地下鉄車内）で、最大値は100デシベル（ハンドブレーカー、工事用解体具）となっています。乳幼児は喧騒の中で、聴覚の選択的取り入れができない特性（カクテルパーティー効果を持たない）を持ち、聴力の発達も著しい時期でもあります。このような特性は、保育上の配慮が必要であることを示唆しています。我が国は、文部科学省も厚生労働省も乳幼児が保育される音響空間の基準を持っていません。WHO（世界保健機構）専門委員会は1999年に「乳幼児の音響環境では35デシベルにすべき」と答申しています。今後日本は、望ましい音響空間について吸音素材を意識した環境設備、多すぎ

資料2-3　保育室の安全と清潔

- 全員が降園したら、保育室・テラス・廊下など子どもが活動するスペースを掃除します。併せて、破損しているところや破損しそうになっているところはないか、点検をします。必要があれば修繕をするか、すぐには不可能であれば、翌日子どもがそこへ行かないように何らかの対策をたてます。
- 遊具の清潔と点検は、常に心がけます。ひびが入っていないか、突起物が出ていないか、部品がとれそうになっていないかなど、子どもの目線にたって見てみます。
- 子どもの活動の状況に合わせて、コンセントやゴミ箱の位置、机や椅子の配置、遊具などの収納箱、保育者用の筆記具など、子どもの興味や関心をひきそうなものの安全な配置に気を配ります。
- 寝具も柔らかすぎたり、シーツやタオルが口をふさぐように置いてある場合は危険です。ベッドの中に小さいおもちゃが潜んでいることもあります。常に安全を確認します。
- つかまり立ちの時期は何にでもつかまります。倒れやすい物は置かないようにします。
- 子どもの手の爪を切ることは清潔の点だけでなく、他児を傷つけないという点からも必要です。家庭と連携をとりながら、常に気をつけるようにします。
- 子どもは予想外の行動をとることを念頭に、子どもから目を離さないようにします。
- 保育者の着衣や持ち物に危険があることもあります。清潔な着衣を心がけるとともに安全という視点でも自己点検しましょう。

資料2-4　おんぶの仕方

① 介助者は紐を肩にかけてやり、背負う人は子どもの脚を開きお尻を支える。

② 少し前かがみになり、紐を肩から離さない。子どもの腕は紐の外へ出す。

③ 紐は胸の前に持ってきて2回ねじる（ゆるみ防止）。

④ 紐通しの輪に紐を通したら足の下から前に持ってきて腰前でリボン結びにする。

イラスト（資料2-4・7・9・10・12・13・20・21・22）：小泉真理子（きたちくさ保育園・名古屋市）

ないクラス人数、適切な人的配慮が求められるでしょう（p.43 **コラム2** 参照）。

災害時への備えとしては、職員役割分担、避難訓練計画マニュアル作成と実施、保護者との連絡・連携・地域関係機関との日常的な連携が求められます。東日本大震災時に保育中の乳幼児に一人の死者も出さなかった避難グッズとしておんぶ紐がたいへん活用されました。**資料2－4**には、おんぶ紐の使用方法を紹介しています。

さらに乳児期は、**乳幼児突然死症候群**（SIDS）が睡眠中の事故とし頻発する時期でもあり、とくに健康状態が悪くないのに睡眠中に突然死亡する病気です。原因は確定されていませんが脳幹部の機能異常と予測され、生後1ヵ月の死亡原因の59％をしめるなど、生後1～5ヵ月の赤ちゃんに多く発生しています。日本では平成27年度に96名の赤ちゃんがSIDSで亡くなっており、乳児期の死亡原因としては第3位です（平成29年度厚生労働省ホームページ）。SIDSの予防方法は確立していませんが、以下3つのポイントを守ることにより、SIDSの発症率が低くなるというデータがあります。①1歳になるまでは、寝かせる時はあおむけに寝かせる。②できるだけ母乳で育てる。③たばこをやめる。妊娠中の喫煙（受動喫煙も）はおなかの赤ちゃんの体重が増えにくく、呼吸中枢にもよくない影響を及ぼします。

> コラム2

乳児保育のクラスの大きさは？

　子どもたちが1日の大半を過ごす保育所は、衛生的であり、心身ともに快適に過ごせる場所が必要です。とくに乳児期は寝ころぶ、這う、伝い歩きをする、歩くなどの活動が十分できるスペースが必要です。乳児は、月齢による発達の違いがあり、生活時間も異なってきます。同じ部屋で、遊んでいる子、食事をしている子、眠っている子などが混在する時間帯もあります。0歳前半の子どもは、2回寝をします。0歳後半の子どもは、座って遊ぶ子、はいはいで動き回る子どもたちが多くなります。

　しかし、現在の1人分の面積は、1948年に制定された児童福祉施設最低基準によるものです。平成21年3月に「機能面に着目した保育所の環境・空間にかかわる研究事業―研究結果の概要」が全国社会福祉協議会から発表されました（詳細は『保育情報』2009年5月）。

　そこでは、保育所保育指針が示している保育を実現するための保育所の環境について、必要な空間・環境の指標を作成しました。それによると、保育所の利用時間が長くなっていることなどを考慮し、落ち着いて食事や昼寝をすることが子どもの発達には重要であり、「保育における寝食分離」をする必要があり、そのためには、0～1歳は1人につき4.11㎡以上、2歳以上は2.43㎡以上を確保するように提案しています。現行では、廊下や可動式の収納設備の置いてある床面積を除外する規定がないために、実際の活動スペースは必ずしも最低基準に規定されている面積が確保されていません。「現行基準以上のものとなる方向で検討することが必要である」と述べています。

　また、今回の調査では、職員の配置基準とグループ規模についてもふれ、一人ひとりの子どもにきめ細かい保育を提供するためには、子どもの人数のグループ規模について規定し、グループの小規模化や職員配置基準の在り方の検討が今後の課題だとしています。子どもにとって、過ごしやすい空間が保障されるようにしたいものです。

　諸外国でも基準を設けています。たとえば、アメリカ幼児教育協会（NAEYC）では、以下のように大人と子どもの人数比率とグループの大きさを決めています。

　　　　6ヵ月～1歳半　　1グループ6人まで　　子ども3人に対して保育士1人
　　　　1歳半～2歳　　　1グループ8人まで　　子ども4人に対して保育士1人
　　　　2歳　～3歳　　　1グループ14人まで　子ども7人に対して保育士1人

　　（日本子ども学会編『保育の質と子どもの発達　アメリカ国立小児保健・人間発達研究所の長期追跡研究から』赤ちゃんとママ社、2009年）

② だっこの仕方と方法

　抱き方には、たて抱きとよこ抱きがあります（**資料2-5**）。股関節脱臼のリスクをもって生まれた乳児が、おむつ替えや抱き方によって、症状を定着させていくことが明確であるため、乳児の両足首を保育士が片手でつかむおむつ替え方法や脚を閉じた抱き方は適切ではありません。

③ 食事の関わりと環境構成

❶ 0歳前半──調乳方法と環境構成

　授乳は必ず抱いて飲ませます。また哺乳瓶・乳首のサイズや粉ミルクの種類は、家庭と同じものを使用することで、はじめて入所してくる子どもたちの健康を守り、情緒の安定を図り不安を軽減します。調乳の方法と環境については、**資料2-7・2-8**を参考にしてください。2007年に厚生労働省は、これまで調乳に使用してきた「湯さまし」について「湯さましは細菌が発生しやすく、乳児が細菌性胃腸炎にかかるリスクが高まる」として使用しない方針を決めています。また母乳で育てたいと望む母親のために、母乳バッグの使用もできるだけ受け入れましょう（**資料2-6**）。

　離乳食の役割とは、①噛んで食べるトレーニング、②「液体を飲む」から「噛んで食べる」動作を練習し身につける、③必要な栄養を食品から摂取する、④母乳やミルクからだけでは不足する栄養バランスをよくとる、⑤いろいろな味（甘味、旨味）を経験し味覚を発達させる、があります。まずは一さじから慣れることが目標です。また果汁については、2007年に出された厚生労働省のガイドラインによると、離乳初期に果汁を与えることによって母乳やミルクの摂取量が減り、かえって栄養不足になることなどが懸念されるため、離乳開始前の果汁は必要なくなりました。

Chapter ❷ 乳児保育の内容と方法（1）

資料2−5　よこ抱きとたて抱き

よこ抱き

注意点
- 首が座るまでの抱き方は横抱きにする。
- 赤ちゃんの背中が「く」の字に曲がらないようにする。
- 長時間抱き続けると、保育者はもちろん赤ちゃんにも負担をかけるので、布団の上などに降ろす。
- 保育者の片ひじに赤ちゃんの頭を乗せることで、赤ちゃんの頭を家具などにぶつけないように守る。

たて抱き

注意点
- 首が座るまではたて抱きにしない。
- 抱きあげるとき、赤ちゃんの腕を引っぱると肩やひじの関節がぬけてしまうことがあるので、わきの下に保育者の手を差し込む。
- 赤ちゃんは首を回してみたり後ろに体をそらしたりとバランスをくずすことがあるので注意する。

1 頭の下に両手を	2 片手をすべらせて	1 両わきの下に両手	2 上半身をゆっくり
赤ちゃんの目を見、声をかけながら頭の下に両手を差し入れ頭をそっと起こします。	片手で頭をつつむように支えもう片方の手を頭の後ろからおしりへとすべり込ませます。	寝ている赤ちゃんに胸を近づけ両脇の下に両手を差し入れます。	両わきを支えながら上半身をゆっくりと起こし立たせたり座らせます。

3 片腕で首と背中		3 片腕で全身を支え	
	片腕で首と背中を支えたまま、あいている手をおしりに添え、それからゆっくりと抱き上げます。保育者の顔と赤ちゃんの顔は、すっと向き合ったままで、笑顔と優しい言葉を必ずそえます。		片腕におしりをのせ全身を支え、一方の手でわきの下を支えます。保育者の腰骨に赤ちゃんを乗せるように抱くと、両者とも楽です。

出所：CHS子育て文化研究所編『見る・考える・創りだす　乳児保育』萌文書林、1999年、p.121

資料2−6　母乳バッグ

- 家庭から持参した冷凍母乳バッグは、ラップかポリ袋に包んですぐに冷凍庫に入れます。

- 授乳時間を見計らって、バッグに貼ってあるシールをしっかり確認し、水またはぬるま湯で解凍します。

- 解凍した母乳は、母乳バッグの下端の切り込みを引き裂いて哺乳瓶に移し入れますが、このとき母乳バッグが哺乳瓶の中に入らないように注意します。

- 解凍した母乳は40℃前後の湯で湯煎し、人肌に近い温度に温めて授乳します。

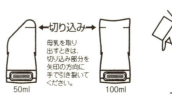

出所：カネソン母乳バッグ　説明書

❷ 0歳後半——離乳食の方法と環境構成

　資料2-9には、離乳食の指導方法を示しています。資料2-10に離乳食初期に使用する望ましいスプーンの形状（くぼみが浅く幅が狭いもの）と、スプーンの正しい使用方法を作業療法の視点から記載しています。<u>スプーンを乳児の下唇の上に半分乗せ、乳児自身が上唇で食物を取り込めるようにするのを待ってから、平行にスプーンを引き抜きます。</u>重要なことは、**乳児の応答性**を大事にして、乳児自身が食べている実感を持てるようにすることです。資料2-11には、左から離乳食の初期食、中期食（手づかみの食材……ゆでた大根のスティック、持って食べられるような肉だんご）の形状や量を示しています。

　この時期は、左右の手が協応的に動けないので、取り皿には重量感のある安定した糸尻のある陶器などが適しています。また食事の場所・座る位置を一定にしておくと、子どもが見通しを持ちやすく安心することにつながります。椅子やテーブルの調整は、成長に合わせて、次のように進めていきます。①座位が確立する前→だっこ・緩やかに傾斜のある椅子に座る（資料2-10の右図 参考）。②座位が確立した後歩行が確立する前まで→肘掛のある椅子に座る。③歩行が確立した後→肘掛のない椅子に座る。

❸ 1歳児期——スプーン指導と偏食指導

　スプーンを持たせる適切な時期があります。10ヵ月頃、自我が芽ばえ持ちたい気持ちが起こるので、①保育士の手を添えて持たせます。②よく噛んで食べているか、噛んだものを口は閉じて飲み込んでいるか、肘を肩より上げることができるか、握力はどうか見極めます。③距離感をつかめるような、10～20cmにつないだチェーンリングを入れる（ペットボトル・パスタストッカー）あそびなどは効果的です。④柄の長い保育士介助用と子ども用と2本制にします。

　1歳をすぎると、手指の操作の発達に応じて、資料2-12を参考にしてとりくみましょう。

　また、2歳頃のスプーン指導では、資料2-13にあるように、目で見て気づく視覚的な支援も効果的です。

　一般的に1歳前半頃には、味覚が分化することで好みが出やすく**偏食**が出現します。自我の拡大時期でもあり、対応がむずかしいですが、1歳後半では励まして少しずつ食べられるようにもなります。目標を小さく持っ

資料2-7　調乳方法

*まずは手の洗浄。

① 消毒し、専用の保管ケースに入れておいた哺乳瓶を取り出します。添付の計量スプーンで必要量のミルクをすりきって入れます。

② 沸騰後70℃以上のお湯を、できあがり量の2/3～1/2ほど入れます。

③ 火傷に注意して、哺乳瓶を軽く振ってミルクを溶かします。熱いときはガーゼでくるんで振ります。

④ できあがり量まで、70℃以上のお湯を加えます。

⑤ 乳首をつけて、火傷に注意しながらさらによく溶かします。

⑥ 混ざったら、直ちに流水にあてるか、冷水または氷水の入った容器に入れて、授乳できる温度まで冷やします。このとき、中味を汚染しないよう、冷却水は哺乳瓶のキャップより下に当てるようにします。

⑦ 哺乳瓶の外側についた水を、清潔なふきん、または使い捨てのふきんで拭き取ります。授乳する前に手首や腕の内側に2～3滴落として、熱すぎない温度かどうか必ず確かめましょう（哺乳瓶の外側が冷めていても、ミルクが熱い場合がありますので、必ず垂らして確認しましょう）。

資料2-8　哺乳の環境構成

① 授乳用のソファや椅子を用意したり、肘や背当てクッションを置くなど、保育士の姿勢が安定して落ち着いて授乳できるようにする。
② 授乳が、食事・おむつ替え・昼寝などと同じ部屋となる状況の場合は、授乳コーナーなどパーティションで区切る配慮がのぞましい。
③ ミルクは乳首までしっかり満たす（空気を飲み込ませない）。哺乳瓶を立てるようにすると、空気が入りにくくなる。
④ 吸う力に合わせた哺乳瓶乳首（吸う力の強い子はSサイズ）を使用する。
⑤ 授乳時間は15分が目安。それ以上長い・短い場合は乳首のサイズを変更する。
⑥ 子どもをたて抱きにし、授乳後は排気（下から上へやさしくなでる、あるいは軽くたたく）を行う。
⑦ げっぷと同時に少量だが吐くこともあるので、ガーゼを大人の肩に敷く。
とくに夏場は、大人の腕が当たる子どもの首にガーゼタオルを巻く（あせも防止）。
⑧ 授乳量の記録を必ずつける（一日の摂取量が1,000ccをこえないように）。

資料2-9　離乳食の指導

5・6ヵ月頃（1回食）	7・8ヵ月頃（2回食）	9・10ヵ月頃（3回食）
①子どもの手をタオルで拭く。開始時のご挨拶をする	①子どもの手をタオルで拭く。開始時のご挨拶をする	①子どもも流水で手を洗う。開始時のご挨拶をする
②保育士は正座し、その膝に子どもを支座位にする。その時必ず子どもの足裏が床に着き、自ら食べる姿勢を保つようにする。またはベビーラック（斜度のある椅子）などの椅子で食べさせる	②5・6ヵ月と同様	②座位が確立し、背筋がのびて背筋と腹筋で身体を支えられたら、肘掛のある椅子を用意する
③子どもの応答性を重視し、スプーンを下唇の上に半分のせ、上唇で食物を取り込めるようにする。スプーンを抜く時には、平行に引き抜く	③5・6ヵ月と同様	③取り皿を用意し、パン・スティック野菜など手でつまんで食べられるものを用意し、食べる意欲を満たす
④取り込んだら、唇を閉じたまま顎を上下に動かすように保育士がモデルとなる	④5・6ヵ月と同様	④5・6ヵ月と同様
⑤スプーンは底がない平らなものと、スープ用の底がやや深めのものと2本必要となる	⑤スプーンは、スープ用の底がやや深めのものにする	⑤スプーンは保育士が使用する介助用と子ども用と2本用意する（スプーンを持たせる時期）
⑥終了時のご挨拶をする	⑥8ヵ月〜　唇を閉じ、器から汁物やお茶を飲めるようにする。終了時のご挨拶をする	⑥終了時のご挨拶をする

椅子とテーブルの高さの3つの留意点

① 子どもは背もたれによりかかる状態か

② ひざは90度に曲がっているか

③ 足は床もしくは足乗せ台（お風呂マットなどでつくる）にしっかりついているか

牛乳パックで背もたれを工夫してある椅子

Chapter ❷ 乳児保育の内容と方法（1）

資料2−10　初期食の支援

赤ちゃんが唇で取り込みやすいスプーン

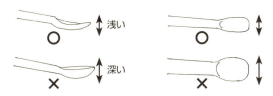

能動的に食べる力を育てるために

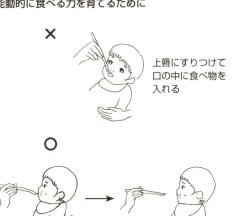

赤ちゃんのからだを安定させる工夫

タオルロールでからだの横をサポート

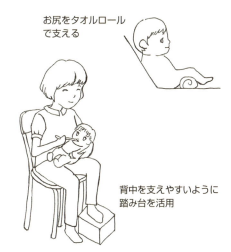

お尻をタオルロールで支える

背中を支えやすいように踏み台を活用

出所：林万リ『やさしく学ぶからだの発達Part2』全障研出版部、2015年を参考に作成

資料2−11　離乳食の例

初期食

10倍粥、野菜スープ、人参・じゃがいも・白菜のすりつぶし、お茶

中期食

7倍粥、だし入り野菜スープ、ゆでた大根スティック、肉だんごのとろみがけ、さつまいも・人参のみじん角切り荒つぶし、お茶

写真提供：清明山保育園（名古屋市）

資料2-12　スプーン指導

持ち方	スプーン上握り期	スプーン上・3本指握り期	鉛筆持ち期
年齢	1歳過ぎ～1歳6ヵ月頃	1歳7ヵ月～2歳頃	2歳頃～
	初めてスプーンを持った頃は、上からスプーンを握り、ひじや腕全体を使ってスプーンを使い、上手には食べられない。スプーンを上から握る食べ方。逆手握りは手首の回転が逆になる、体に肘がぶつかるなど、操作しづらさがある。(ただしダウン症など筋力につまずきがある場合はこの限りではない)	徐々に手首の回転によって食べられるようになる。ぎゅっと握っていた上握りの持ち方から、人差し指、親指、中指を中心に上から軽く握る持ち方へと変化。まだ上手にすくえずこぼすこともあるが、自分で食べられることが多くなる。スプーンを持っていないもう片方の手は皿に添えることを伝える。コップも両手を使って持ち、上手に飲めるようになる。(人差し指、親指、中指で上から持つ)	上握りにしたスプーンを、人指し指、親指、中指を使い、手首を動かして食べられるようになったら、鉛筆持ち(スプーンを下から持つ)に変える。この持ち方は箸や鉛筆の持ち方に関係していくので、正しく持つようにうながす。持ち方は箸、鉛筆の持ち方に準じる。スプーンを持っていないほうの手は皿に添えることも教える。食べこぼしはまだ見られるが、おしゃべりをしながら食事という姿も多くなるので、食事のマナーや食べ物・料理の名前も伝えていきたい。

~食べ方の練習は食事場面だけではない。あそびが大切~

　上手にスプーンが使えないと、つい持ち方を矯正したり言葉が出てしまいます。しかし、子どもは多くの経験の中でその技術を学び得ていくものです。こうした技術の習得は食事場面だけから得るのではなく、あそびの中で楽しみながら少しずつ体が学んでいくものです。大人は子どもの発達に見合ったあそびの提供をすることが大切になってきます。

資料2-13　スプーンの持ち方、視覚支援

鉛筆持ちで親指が当たる箇所にシールを貼る　→　テープで覆う

資料2-14　行事食（1歳児）

お月見団子　　　　　子どもの日ハンバーグ　　　　運動会クッキー

写真提供：清明山保育園（名古屋市）

資料2-15　クッキング（2歳児）

とうもろこしの皮むき　　炊き込みご飯クッキング　　梅ジュースづくり

写真提供：清明山保育園（名古屋市）

て少しでも食べたら大いにほめましょう。偏食指導の基本は、「好きなものをたくさん、嫌いなものは少しずつ」です。

　資料2-14の行事食（お月見団子、鯉のぼりハンバーグ、運動会応援クッキー）のように、保育所の調理室はさまざまな「しかけ」を展開し、子どもの「食」に対する関心や興味も広げる役割をします。

❹ 2歳児期──食育・クッキング

　2歳児になると、絵本「しろくまちゃんのホットケーキ」の再現やピザの具材を手でちぎったり並べたりしてホットプレートで焼くクッキング、園庭でのミニ菜園の収穫をしたりします。「食べられない野菜が食べられた」体験など「食べてみようとする気持ちを育てる」ことが食育の基本です。資料2-15は、2歳児がとりくむクッキング（とうもろこしの皮むき、味ごはんに入れるエノキを裂く、梅ジュースづくり）の模様です。

④ 排泄の関わりと環境構成

　子どもは新生児の反射的排尿便から、しだいに尿意を自覚し、制御し、適切な排泄行動がとれるようになっていきます。このような排泄行動の自立は、神経系統の発達に伴って進められます。排泄の発達にも、個人差があるので、急がせたり強制したりせず、子どもの状態に合わせて**資料2－16・17**のようにとりくみます。

おむつ替えの留意点と方法
　おむつ替えも、排泄活動の基礎です。**資料2－18・19**は、おむつの当て方と保育士の留意点を示しています。重要な点は、子どもとの応答性を大事に関わり、股関節脱臼に注意することです。**資料2－20**のようにすると、視界が遮られる環境となり、安心できる子どももいます。必要があれば試みましょう。また替える場所は、いつも決まったコーナーにすることで、子どもが見通しを持ちやすくなります。

⑤ 清潔

　乳幼児期の衣服は、上下が分かれた服や、肌にも優しいやわらかい綿素材が適しています。ウエストがゴム製のズボンは、子どもにとっても着脱がしやすい利点があります。また大泉門が閉じる1歳3ヵ月頃まで、大泉門付近の頭髪を縛るゴム（通称「おチョンボ」）は、この時期に特有の急激な乳児の脳の成長を妨げる可能性があるので、避けたほうがよいとされます。

❶0歳児期──沐浴の仕方と環境構成
　6月～9月期に、おもには6ヵ月頃までの乳児を対象に、健康状態を把握して実施します。7～8ヵ月児からは、プール（乳児用の浅いプール）に入るので、プール後にシャワーになり沐浴はしません。沐浴バス・タライを使用し石鹸やシャンプーは不使用の園もあります。授乳後1時間以内は避け、沐浴後は水分補給（お茶・ミルクなど）をします。給湯器の水温を41度に設定し、水温計で39度になっているかを必ず自分の腕で湯に入れ

資料2-16　排尿の発達

- **1歳未満**　膀胱に尿がたまると膀胱が反射的に収縮し排尿。排尿感覚はなく、非常に頻回。
- **1歳6ヵ月**　膀胱の容量増加、排尿回数減少。排尿感覚の芽ばえ。
- **2歳代**　膀胱にためられる量増加、昼間の排尿感覚が2～3時間。
- **3歳代**　排尿を感じるようになり、トイレに行くまでがまんする。
- **4歳代**　昼間のおしっこはトイレで可能だが、夜間尿はあり、睡眠リズムの発達とともに減少。

資料2-17　排尿指導

＊失敗しても叱らずあせらず見守る姿勢で待つ。

- **第1段階**　歩行の確立、ことばや動作で自分の意思を大人に伝えることが可能になったら、排尿間隔を観察。1時間以内の排尿なら→**本格的な取り組みは、まだ待つ。ただ、トイレの環境に慣れる程度はとりくんでもよい。**
- **第2段階**　排尿間隔が2時間くらいあいたら、あそびの節目にトイレやオマルに誘う。排尿したら尿を見せながら「おしっこ出たね」と声をかける→**トイレでの排尿の気持ちよさと、おしっこすることの認識と大人にほめられることでのうれしさを感じられるように。**
- **第3段階**　2時間以上の間隔でトイレやオマルへ誘ってみて、半分以上は上手に排尿できたなら→**パンツの時間を徐々に長くする。失敗しても叱らない。家庭での開始は、大人の気持ちにゆとりがある時から。**
- **第4段階**　子どもが自分から「おしっこしたい」と言えるようになってくるが、自分からの予告ができない時は→**「出そうな時は知らせてね」と声をかけておき、誘うのをぎりぎりまで待ってみる。**

資料2-18　おむつの当て方

① 手の洗浄。
② 布おむつは通常半分に折る。成長に伴い、男児は前を厚く、女児は後ろを厚めに。
③ おむつカバーにおむつを重ねる。
　後ろはおむつの端をカバーから1センチほど内側にずらして、背中もれを防ぐ。
④ 背中はぴったりと、お腹は指2～3本の余裕をもって装着する。
⑤ 必ず布おむつがカバーからはみ出ていない（腰・股まわり）ことを確認する。
⑥ 紙おむつはギャザーはすべて外向きになっていることを確認する。

> 資料2-19　おむつ替えにおける留意点

・呼名し、目を見て語りかける。乳児にも、おむつ替えは共同作業であることを意識してもらう。
・乳児の両足首を、保育士が片手で持つことは決してせず（股関節脱臼のリスクを伴うので）、腰の側面から手を入れて赤ちゃんの足が自ら上がるようにする。
・おもちゃを握れる力のある赤ちゃん（4ヵ月～）には足首を握らせて、自ら替えてもらう意識を高める。
・便の時は、新しいおむつとおむつカバーを準備する。尿の時は、防水が効いていない時やお昼寝前には、必ず新しいカバーと交換する。
・園共有のおむつ交換マットは、直接お尻が当たらないようにする。個別マット持参の園は、個別マットを利用する。
・排泄習慣の基礎なので、子どもを追いかけながらやおもちゃを持たせての交換を習慣にしない。
・子どもが歩けるようになったら、抱いて移動せず、子ども自身が歩いて目標に向かえるように語りかけて誘う。
・脚の自由度を保障するため、おむつカバーは体重に合わせたものを使用する。
・子どもが泣いて嫌がる場合は、子どもの気持ちを尊重しやさしく声をかける、歌を歌って気持ちを落ち着けさせるなど、短時間の気分転換を図ってから交換する。
・汚れたおむつは個人用おむつかごに入れ、便が付着している場合は、ゴム手袋をつけて便を流す。布おむつは軽くゆすぐ。

> 資料2-20　おむつ替えの環境

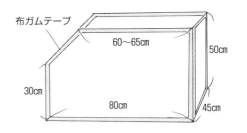

視界を遮る工夫

出所：「あそびと環境012歳」指導計画チーム『0・1・2歳児保育アイディア100』学研教育みらい、2015年、p.114を参考に作成

る直前に確認します。湯は子どもが座位になった時に胸の下あたりまでの水位とします。

　保育士の利き手ではない腕に乳児の頭を抱き、静かに足のほうから湯に入れ、声をかけながら、ゆっくりと湯につけます。0歳児期はとくに、首・手の指・手首・肘・脇・股のくびれに汗や汚れが溜まりがちなので、くびれを伸ばし陰部もていねいに洗いましょう（**資料2-21**）。洗い順は、ガーゼを軽く絞って顔（3の字を描くように）・耳の後ろ・首から順に下方向へ。胸から腹部までは強く洗うと圧迫するので気をつけます。前が洗い終わったら、乳児を後ろ向きにして背中・脚・最後にお尻を撫で洗いして終了です。十分にタオルドライし、バスタオルの下に準備したオムツと着替えを着せます。

Chapter ❷ 乳児保育の内容と方法（1）

資料2−21　沐浴の仕方

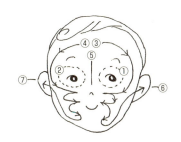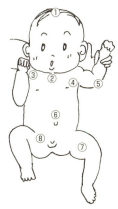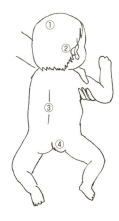

出所：全国保育団体連絡会『改訂版 保育園の看護師がつくった産休明け・乳児保育 保健マニュアル』草土文化、p.37、2002年を参考に作成

資料2−22　着脱の視覚支援

① 頭を入れる。　② 袖を通す。　③ 片方の袖も通す。　④ 腰まで下ろす。

出所：「あそびと環境０１２歳」指導計画チーム『０・１・２歳児保育アイディア100』学研教育みらい、2015年、p.119を参考に作成

❷ 1～2歳児期──衣服着脱の指導方法と環境構成

　1歳後半は全身が少しずつよく動き、手先もだんだん器用になってくる時期なので、自分でやろうとする意欲も育ってきます。2歳児期は、依存と自立で揺れる時期でもあり、情緒や社会性も行きつ戻りつしながら、より確かな自立に向けて発達していきます。自己主張を大事にした援助を基本に、やりたい気持ちが消滅しないように配慮します。不用意に競争させたり傷つけたりしないようにしましょう。**資料2−22**は、衣服の着脱を自分でやりたいと思う子どもが、その手順を自分で確認することができる視覚支援の例です。服の着方や脱ぎ方を模造紙大の紙に描いて、子どもが見えるところに貼り、子ども自身が確認できるようにするのも効果的です。また保育士間での指示が異ならないように確認することも大事です。

⑥ 睡眠

❶睡眠リズム

　睡眠の機能とは、「脳の休息・体の機能の回復期・睡眠中に情報処理を行なう」の3つです。とくに胎生期〜乳児期の脳機能の発達から睡眠をとらえると、「脳神経細胞の創造・知識の整理、脳機能のメンテナンス」の3つの役割を持っています。

❷保育園の午睡

　0歳から3歳までの子どもたちにとって、夜の睡眠と同様に午睡はたいせつです。心地よい睡眠のために、よく遊びよく食べ、生活全体で睡眠の状態を整えていきましょう。早朝保育の乳児には午前の微睡（この時期の眠りの1単位である30分程度）を、延長保育の乳児には夕刻の微睡（30分程度）を実施します。1歳半頃には、個人差や個々に合わせた配慮（生活全体でとらえる）をしながら、午前や夕刻の微睡は必要がなくなっていきます。

　午睡の環境は、ほどよい暗さ（暗幕では子どもの表情が見えない）と静けさ（静かすぎると不安になる子どももいるので静かなオルゴール音楽なども効果的）、整理された室内環境（災害時の家具の転落のない環境）、適切な温度と湿度、換気に注意します。またベッドには複数の赤ちゃんを寝かせたことで圧死につながった事故（ベビーホテル）やベッドからの転落死の例もあります。子どもの発達の理解と予測する力が、保育士には求められます。

　睡眠中の観察は、乳幼児突然死症候群（SIDS）の予防の意味で、寝返りが打てるまではあおむけで寝かせ、10〜30分おきに呼吸、表情、顔色、姿勢の状態を確認し、チェック表に記入します。発生時対応分担表を作成し任務分担を明確化します。

⑦ 健康観察の視点と記録

　3歳未満児の保育では、健康の保持も大きな課題です。登園時はもちろんのこと、午睡から目覚めたとき、降園前など、一日に何度も子どもの健康状態に気を配ります。園内に看護師や保健師がいる場合はよく連携して、

いない場合は担当の保育士が十分に観察します。観察のポイントは、顔色、皮膚の状態、舌や目・耳の状態、元気さ、機嫌などです。そのほか検温もします。それらの結果は決められた記録用紙に記入します。もし異常があれば、複数担任、主任保育士や園長にも見解を求めることがあります。

　子どもの健康状態は、担任の保育士や園長・主任保育士にとっては重大ですが、子どもや保護者のプライバシーを守るために、健康状態の記録は、他の保護者の目に触れないように留意することが望ましいでしょう。

4 特別な配慮を必要とする子ども

① 病気がちの子ども

　入所早々、休みがちになる子どもがいます。1年間の育児休業を終えて入所する場合は、ちょうどその時期に免疫がなくなることと、感染症にかかりやすい子どももいます。慣れない保育所生活と忙しい生活のストレスや疲れから、抵抗力が弱まることがあります。

　家庭でゆっくり静養させたいと思う反面、職場に復帰したばかりの親の事情を思うと、回復期など治療を要しない場合は、できるだけ預かってあげたいと思うのも保育士の心です。預かる場合は、嘱託医や主治医の助言を参考に、親との連絡を密にして、保育所でできることをはっきりさせ、できないことについては、どこで支援を得られるかよく相談します。

　焦ったり困ったりしている親の気持ちをくみ取りながら、利用できる支援をいっしょに考えます。小児科の医院や病院に病児保育室が設置されたり、民間の緊急サポートのグループが病気の子どもを預かったりする仕組みもあります。ファミリーサポートセンターの利用や、病児保育や病後児保育を実施している保育所や病院や託児施設がないかなど、さまざまな可能性をいっしょに探しましょう。病気がちになるのは親の責任ではありませんから、先輩保護者の体験談などもヒントに、前向きに乗り切っていけるようにサポートしましょう。

② 与薬の必要な子ども

　最近は、薬持参で登園する子どもが多くなりました。薬は保護者の責任で与えるのが原則で、保育所の与薬は好ましくありません。しかし現実はそうとも言っていられませんので、最低限の与薬は保育所に配属されている看護師か保育士が与えることになります。

　薬を与える場合は、与薬に関する連絡カードに記入して、与える時間や与え方など、主治医の助言をもとに親と十分に話し合い、了解し合ったうえで与えるようにします。与えた後は異常がないかしっかり観察して、少しでも異常が見られたら、親に連絡すると同時に、主治医に連絡して受診するようにします。

③ アレルギーの子ども

　アレルギーには、アトピー性皮膚炎、気管支喘息、喘息、アレルギー性鼻炎、じんましん、食物アレルギーなど、多くの種類があります。その原因や治療法もさまざまで、症状も呼吸困難など時には命に関わるものもあります。アレルギーの子どもを保育するときには、主治医の治療方針をよく理解し、親との共通認識を基本に、保育所で対応できることとできないことをはっきりさせます。たとえば食物アレルギーの場合は除去食や代替食（除去した食品の代わりになるもの）が必要になります。保育所の食事がどの程度まで食べられるか、食べられないときはどうするか、ほかの子どもにどのように知らせていくか、など子ども自身が楽しい保育所生活を送れることを第一に考え、親といっしょに好ましい方法をさぐっていきましょう。

④ 障がいや発達上の課題のある子ども

　保育所での生活が可能であると判断された場合は、保育所保育指針の第1章にもあるように、個々の子どもの障がいや発達の状態を把握し、指導計画に位置づけて保育します。この場合、指導計画をあくまで優先するのではなく、まわりの子どものようすにも配慮して、柔軟に保育を進めるこ

とがたいせつです。保育士は専門家の助言を参考にしながら、障がいについてよく研修し見通しを持つとともに、保育所全体で障がいのある子どももまわりの子どもも育ちあえるように、保育所全体の連携体制をつくるようにします。さまざまな親の思いをしっかり受けとめて親を支えていくのも、保育士の仕事です。

⑤ 虐待など不適切な養育が疑われる場面で

　保育中に虐待や不適切な養育が疑われる子どもの言動や不自然な傷、あるいは理由のあいまいな欠席が続いたり登園時間が極端に不規則になったりした場合、また親の言動から虐待が疑われる場合には、子ども家庭支援センター・児童相談所へ通報する必要があります。

　しかしながら、担任個人での見極めや対応は困難なことが多いので、虐待や不適切な養育に気づいたらすぐに園長などに相談します。日頃から他園での事例や先行実践に学び、気づいた場合の園の方針やマニュアルを確かめ合っておくとよいでしょう。多くの場合、保育所だけで問題を解決することは困難です。行政の窓口、児童相談所、嘱託医や病院、保健センターや保健所、地域の児童委員や福祉事務所など、地域の資源について十分に情報を収集し、ネットワークをつくっておくことで、問題の拡大を最小限にとどめたいものです。保護者との信頼関係を築いておくことがたいせつなことは言うまでもありません。

⑥「外国にルーツのある子ども」の対応

　「外国にルーツのある子ども」とは正確な定義はなされていないことばですが、ここでは「親の両方またはいずれか片方が外国出身者である子ども」という意味で使用します。現在保育所で、外国籍児が占める割合は、年々増加傾向にあります。地域によっては、在籍児の3分の1が外国籍児という保育所もあります。2015年に生まれた赤ちゃんの50人に1人が両親のどちらかが日本人で、もう片方が外国人です（厚生労働省・平成27年度人口動態統計）。保育所保育指針でも、「子どもの国籍や文化の違いを認め、互いに尊重する心を育てるよう配慮すること」（第2章4(1)オ）としており、異なる文化を持つ人々の存在は、近年、ますます身近になってき

ています。保育所においても、多くの外国籍の子どもやさまざまな文化を持つ子どもたちが、いっしょに生活しています。保育士等は、一人ひとりの子どもの状態や家庭の状況などに十分配慮するとともに、それぞれの文化を尊重しながら適切に援助することが求められます。また、子ども同士も一人ひとりの違いを認めながら、ともに過ごすことを楽しめるようにしていきます。

　保育所の生活の中で、さまざまな国のあそびや歌などを取り入れたり、地球儀や世界地図を置いたり、かんたんな外国語のことばを紹介していくことも、子どもがさまざまな文化に親しむうえでたいせつなことです。異なる文化を持つ人との関わりを深めていくことは子どもだけでなく保育士等にとっても重要であり、多文化共生の保育を子どもや保護者とともに実践していきたいものです。

　今後保育所では保護者・子ども双方への多言語対応や視覚支援などが一層求められていくでしょう。

●引用・参考文献
- 厚生労働省『保育所保育指針』平成30年度実施
- 厚生労働省「環境ガイドライン」2007年
- 厚生労働省『授乳・離乳の支援ガイド』2007年
- 厚生労働省『乳幼児突然死症候群診断ガイドライン（第2版）について』2012年
- 林万リ『やさしく学ぶからだの発達Part1、2』全障研出版部、2011・2015年
- 「あそびと環境０１２歳」指導計画チーム『０・１・２歳児保育アイディア100』学研教育みらい、2015年
- 全国保育団体連絡会『改訂版 保育園の看護師がつくった産休明け・乳児保育 保健マニュアル』草土文化、2002年
- 志村洋子他『保育室内の音環境を考える(2)埼玉大学紀要教育学部63(1)2011年

●演習課題

（1）2歳児でみられる「かめない」「小食」「座って食べてくれない」「遊び食い」に保育士や保護者はどう対応していくといいか調べてみよう。

（2）0～2歳くらいの子どもに対して、排泄指導の場面で保育士や保護者は、どのようなことばかけや対応をしているか観察してみよう。

（3）「仕上げ歯磨きを嫌がってやらせてくれない」という1歳児クラスの保護者からの相談がありました。どう対応していくといいか調べてみよう。

> コラム3

子どもの貧困と保育所の役割

　最近では、子ども6、7人のうち1人が貧困であるといわれるようになり、貧困が日本の社会問題として認識されるようになりました。日本で社会問題となっている貧困は相対的貧困（ある地域社会の大多数よりも貧しい状態（ユニセフ，2010））です。相対的貧困率とは、税金や社会保険料を除いた国民の所得を低い順に並べ、そのちょうど中央値の半分の所得額（貧困線）に満たない世帯員の割合を示しています。日本の子どもの貧困率は国際的にみても高く、OECD加盟国34ヵ国の中で10番目です。また、ひとり親世帯の相対的貧困率は50.8％でOECD加盟国中もっとも高い割合になっています（平成26年版子ども・若者白書，内閣府）。とくに母子家庭では、パート・アルバイトのような非正規就労の割合が47.4％と就労環境はとても不安定で、平均年間就労収入は181万円です（父子家庭360万円，子と大人2人家庭656万5千円）（平成27年度母子家庭の母及び父子家庭の父の自立支援施策実施状況，厚生労働省）。そして、貧困は子どもの生活に影響を及ぼしています。長い休暇の後痩せて保育所にくる子どもがいたり、病気でも病院に行けない子どももいたりします。しかし、なかなか貧困問題は改善されないのが現状です。

　乳幼児期は大人との安定した持続的な関わりのなかで、基本的信頼を獲得したり、愛着を形成したりする時期です。しかし、困窮した生活を支えるため保護者が長時間働かざるを得ないと、子どもを十分ケアできないかもしれません。その結果、乳幼児期の人との関わりが制限され、愛着などの人間形成の基礎となる重要な発達が阻害されてしまうかもしれません。また、乳幼児を取り巻く保育環境の現状は、延長保育、休日保育などの保育サービスに対して応益負担あるいは一律料金を負担する仕組みになっています。貧困家庭である場合、そのような保育サービスを利用しない可能性も考えられます。2017年4月さいたま市南区において、母親の留守中に火災が起こり、4歳児が死亡、5歳児と8ヵ月児が意識不明という痛ましい事故がありました。出火当時、母親は仕事で家には子どもしかいませんでした。貧困家庭の保護者は頼る人がいなかったり、社会から孤立したりしがちです。人に頼ることもできず、子どもを預けるお金の当てもないため、子どもに睡眠薬を飲ませて夜間仕事へ行く母親もいます。このように保護者が一人で問題を抱え込んだ結果、子どもの虐待につながる場合があるでしょう。この現状は、貧困によって発達の土台となる子どもの安全と健康が危機にさらされているといえます。

　では、保育所は貧困問題にどのように向き合えばよいのでしょうか。保育所は、まず子どもの安全と健康を守るために、保護者が孤立しないよう、そして保護者から安心して相談してもらえるような信頼関係を築き、関係機関と連携を取りながら、問題解決のために保護者とともに考えていく必要があります。同時に、乳幼児期の発達を保障するために、親子の間で情緒的に安定した関わりが持てるよう仲立ちするなどの支援も行なっていく必要があるでしょう。

第3章 乳児保育の内容と方法

(2) あそびを中心に

1 あそびのあり方と保育実践

　0～3歳児期の保育内容は、睡眠、食事、排泄などの「基本的な生活の確立」と「あそび」です。子どもは体調と機嫌がよければよく遊びます。その意味では、あそびは基本的な生活と深く結びついています。安定した生活の土台の上で、充実したあそびが展開していくのです。月齢の低い子どもは、見たり、聞いたり、自ら手を伸ばして外界と関わり、触れたり、なめたりするなど、あらゆる感覚を働かせて自分自身のまわりの世界を認識していきます。年齢が上がるにつれ、しだいに、大人や友だちとともに共感する中で楽しさをみつけ、いろいろな感情を獲得し、人との関わりも育っていきます。

　あそびのあり方を4点にわけ、月齢や年齢に沿った内容を以下で紹介します。

① 大人とともに遊ぶ

　子どもがはじめに外界と関わろうとする時、その意欲を支えるのは、身近にいる信頼できる大人の存在です。信頼できる大人とのやりとりからいろいろなあそびを始めます。

❶ 0歳児期

　0歳児期には、子どもの機嫌のいい時を選んで、あやしあそび、くすぐりあそびのような単純なあそびから始めます。大人が楽しそうに働きかけることによりあそびのおもしろさが伝わります。あそびを通して大人との

共感関係や愛着関係も形成されていきます。

　五感を働かせながら、「見たい」「触れたい」という気持ちに支えられ新しい姿勢を獲得していきます。まだ身動きがとれないこの時期には保育士のくふうにより、子どもは五感を通して自分と関わるすべてを感じ、豊かな感性が育っていきます。

> **事例1　『アーウー』お話上手ね**
> 　2か月のみかちゃんは、この頃首がすわってきて、抱っこされて外の景色を見ます。風に新緑の葉が揺れる様子をじっーと見ています。「葉っぱ揺れてるね」と言うと、口をすぼめて「アーウー」と喃語を発し始めました。「お話上手ね」と言うと、さらにそれに応えるかのように、盛んに声を出しています。

帆足英一監修『実践保育学』日本小児医事出版社、2014年、p.46

　向かい合って楽しく遊んでくれる大人がいることで「楽しさ」がわかってきます。生活リズムを整えながら気持ちのよい状態で過ごせるようにすることがたいせつです。

> **事例2　ずりばいで『いないいない……』**
> 　7ヵ月のレンちゃんがずりばいができはじめて少したったころ保育園でずりばいの活動をたくさんしていきたいと思い、ホールで1対1で遊びました。試しに保育者が柱に隠れて「レンちゃん、いない、いない……バア!!」と顔を出すとレンちゃんは大喜び。再び「いない、いない……」と隠れると、……一生懸命笑顔でずりばいをして探しに来てくれました。すぐそばまで来てくれた時は本当にうれしかったです。

記録：石川英子
松本博雄他編著『子どもとつくる0歳児保育』ひとなる書房、2011年、p.22

❷ 1歳児期

　1歳児期から大人とのやりとりを豊かにすることによりしぐさや会話、生活場面の動きの模倣もさかんになります。それらがもとになり、みたて・つもりあそびとして再現されます。子どもは、繰り返しの多い模倣あそびから友だちと遊ぶ楽しさや大人への親近感を持ちます。

　また、「ジブンデ」「ジブンノ」という自我が芽ばえるとともに、友だちと「オンナジ」「イッショ」が楽しい時期でもあります。子ども自らこの両方の成長を調整することはむずかしいでしょう。安心できる大人に見守

られ、自分を思いっきり出しながらも友だちとの関わりをつくっていきます。一人ひとりがじっくりとあそびに集中できる環境や「イッショ」が楽しい成長の節目を考慮し、同じおもちゃを多く用意するなどの配慮も必要です。

　この時期には、生活そのものが模倣の対象になり学びの場ともなります。まわりの人のことばやしぐさを模倣し、あそびとして楽しみながら成長していきます。

> 事例3　友だちとの関わりの"はじめの一歩"
> 　さゆりちゃんが誰かのタオルケットを引きずって歩き出しました。それをりょうたくんがひっぱったため、「ワアーッ」と泣き出し、パニックになりそうになったさゆりちゃん。
> 　さゆりちゃんの気持ちを代弁して、「これさゆちゃんが遊んでたもんね」「りょうちゃん、これさゆちゃんが持ってたから……」と言おうとしてやめました。そして「いいものみつけたひっぱりっこ、さゆちゃんとりょうちゃんがひっぱりっこーぐいぐいぐいぐいピッピッピッ」と歌いました。
> 　すると、2人が互いの顔を見合ってにこっと笑ったかと思うと、歌のリズムに合わせてひっぱりっこをはじめたのです。
> 　それを見て他の子も"わたしも"と集まってきて、それぞれ2、3人ずつタオルケットを手にまわりはじめました。
> 　何度が歩くうち、他の子と一緒に「でんしゃやる？」とさゆりちゃんに促すと、「りょうたくんがいい」と要求を表現しました。

水野牧美「トラブルを楽しさに切り替える」『現代と保育』第61号、ひとなる書房、2005年、pp.83-84

❸ 2～3歳児期

　1歳児期のみたて・つもりあそびと比べて2～3歳児期には、イメージがより具体的になっていきます。自分が見たり感じて体験したりしたことも含み、上手に再現できるようになります。友だちと共有するあそびも多くなっていき、また大人とのことばを通したやりとりが一層楽しめるようになります。大人は子どものイメージがより広がるよういっしょに楽しみながらよい刺激を与えていくことがたいせつです。

> 事例4　おしいれが好きな理由
> 　すみれ組のおしいれは、子どもたちの大好きな場所です。（中略）このごろ

のおしいれの中でのブームは、おしいれの中にあるついたてをテレビに見たてること。
　ある日のこと、ゆみちゃんにおしいれに誘われて、保育士も一緒に入りました。
　ゆみちゃん「電気つけなくちゃ」と言って、電気のひもをひっぱるまね。
　保育士　「なんか、熱いね」
　ゆみちゃん「クーラーつけようか。ピッ」とリモコンでつけるまね。
　ゆみちゃん「あ！　アンパンマンがはじまる時間だ。ピッ」とついたてのテレビのスイッチを入れました。
　保育士「（ちょっと意地悪をして）先生、ニュースのほうがいいな。ピッ」とついたてのテレビのチャンネルを変えると、ゆみちゃんも負けずに「アンパンマン！　ピッ」とチャンネルを変えました。
　そこで保育士も「ニュースがいいの。ピッ」。
　ゆみちゃん「ダメ！　アンパンマン。ピッ」と、思わず2人でチャンネル権の奪い合いをしてしまいました。結局、保育士が負けてしまい、アンパンマンを見ることに……。

記録：頭金多絵
富田昌平編著『子どもとつくる2歳児保育』ひとなる書房、2012年、pp.24-25

② ものと遊ぶ

　子どもにとっておもちゃは、なくてはならないものです。はじめは追視により、吊下げおもちゃなどの動きを目で追います。外界に自ら働きかける第一歩は手を使って始まります。自分の手を使うことにより能動的な活動が始まるようになります。手の働き、五感の働きを通してまわりの世界に興味を広げていきます。触ってみたくなるようなおもちゃを身近においておくようにします。色彩、音色、形、感触、安全性などに配慮した機能性の高いおもちゃを、月齢や年齢に合わせて揃えましょう。

　物と関わるあそびにおいて、気にかけたいことは一人あそびの保障・充実です。せっかく自分の思いやイメージがもてるようになった頃なので、好みのあそびにじっくりと集中でき、思いっきり楽しめる環境づくりを心がけましょう。好きなあそびがたっぷりできた時にはそのおもしろさが満足感になり、友だちとの関わりやあそびのおもしろさへつながっていきます。

❶ 0歳児期

　自力で姿勢を変えられないときにはあおむけやうつぶせで見たり、さわったり、聞こえたりするものに触れながらあそびを機嫌よく楽しみます。

事例5　ほっとできるとき

　5月晴れのある日、生後3、4カ月の2人とモビールとマットをもってテラスに出ました。ほどよく暖かい日が差し、風が吹き、テラスの物干し竿にかけたモビールはくるくると回ります。2人はあおむけで、モビールを、口を開けてまばたきもあまりせずに見ていました。

　2人がモビールをじっと見ているようすが、とても心地よさそうでした。保育者も一緒にマットの上にあおむけになってみました。青空、ゆっくりと回るモビールがとても心地よく、こうやってみんなの心は落ち着いていたのかと、笑顔が生まれる理由が、なんとなくわかった気がしました。

　月齢が高くなってからは、モビールの種類がわかるようになったのか、「チュンチュン（とり）」「ブブ（ひこうき）」「キラキラ」と指差して大人が回してみせると「ファー！」と声を出して興奮したようすで見ていました。

金澤由佳他
東北沢ききょう保育園
『わたぼうし4号』2016年、p.17

　0歳後半になると、身近な大人のしぐさをまねたり物をもって遊んだりする姿が増えていきます。物を使って遊ぶ時には、手や指先の動きの成長のうれしさがあそびの楽しさにつながります。まだことばでは表現できないけれど物としぐさ、それから保育士のことばを頼りに物を使ったあそびが再現され、友だちとも楽しめます。子どもの思いの受けとめ方が楽しい体験につながります。

事例6　もしもし？

だいや　（1歳1ヶ月）が細長いつみきを耳に当てている。
保育者　（だいちゃん電話しているみたい）「もしもし　だいちゃんですか」
だいや　にこにこ笑って保育者につみきを渡す。
保育者　「はい。だいちゃんはげんきですよ。だいちゃん電話だよ」
　　　　（だいやに電話が来たみたいに渡してみよう）
だいや　にこにこしてつみきを受け取る。なにか言ってるみたいに動いている。
そこへあさひ（1歳2ヶ月）がやってくる。

Chapter ❸ 乳児保育の内容と方法（2）

資料3－1　ものと遊ぶ

写真1
「たのしそー」

写真2
「し～、あかちゃん ねてる」

写真3
「いっちょに よいちょ」

写真提供：NPO法人なのはな、あおいガーデン（静岡市）

あさひ　保育者の体をもってつかまり立ちしてのぞく。
　　だいや　にこにこしてあさひにつみきを渡す。
　　あさひ　にこにこしてつみきを受け取り、耳に当てる。
　　保育者　「もしもしだねー」
　　だいやはにこにこで見ている。
　　あさひはだいやにつみきを返し、だいやはその後もつみきを持ってにこにこしている。

大塚晃子、あおいガーデン、2016年11月実践記録より

❷ 1歳児期

　1歳からは手・指先の操作が成長することも加わり、物を使って表現することでよりあそびが楽しくなります。その際、物との関わりを広げる環境づくりや保育士の働きかけが重要となります。本来の使い方にこだわらない子どもの豊かで自由な発想がたくさん生まれます。

　何でもみたてられる砂や水・粘土など可塑性に富む素材やブロック・積み木などの再構成できる遊具、ままごと道具や変身グッズは、子どもたちの大好きなおもちゃです。子どもたちは身近にあるものをなんでも遊具にして遊ぶので、安全、清潔、色彩に気配りをしましょう。また、家庭にあるもので少し手を加えればおもちゃになるものもありますので、くふうして活用したいものです。

事例7　プリンくだちゃい

　はるちゃんは砂場の道具が入ったかごをそばに置いて、プリンカップだけを取り出しては一つずつ砂場の縁に並べ始めました。最初はふせて並べていたのですが、途中から砂を入れて細い小枝でかき回しています。ふせてあったのもひっくり返して砂を入れました。そばにあったカップ全部をその状態にして、はるちゃんは初めて周りに目をやりました。園庭の落ち葉掃きをしながらずっと様子を見守っていた保育者が「はるちゃんお買い物に行ってもいいですか？」と聞くと、うれしそうに「ウン」。葉っぱを持って「くださいな」と2人だけの買い物ごっこが始まりました。大きな声の「くださいな」に気がついた何人かの子どもも「（いらっ）ちゃいませ」「くだちゃい」の仲間入り。葉っぱのお金でのやりとりがしばらく続きます。

帆足英一監修『実践保育学』日本小児医事出版社、2014年、p.66

❸ 2～3歳児期

2歳からは個人差はありますが、ことばで自分の気持ちを伝えられるようになります。時には、大人のしぐさそのものを実際のように再現できます。友だちと共有して遊ぶことも増えますが、まだまだ自分を中心にしたあそびが多く存在します。年齢にふさわしい素材のよさをあそびとして提示する保育士の試みが、さまざまなあそびのおもしろさにつながっていきます。

> **事例8　ココハ、ママゴトコーナーダヨ**
>
> 　隣の人形コーナーでは女の子二人がせっせとキルティングマットを敷き、人形にハンカチをかけて寝かせていました。子守歌をハミングしトントンしていると、人形を取りに来た友だちが近づきました。「シー。イマネテルカラ、ネ」と、小さな声で人差し指を口に当て、寝かしつけに真剣な様子です。そうかと思うと今度は当の本人たちが大きな声を出し、「ア、ウンチデチャッタ」と大忙しの様子です。一人の女の子がままごとコーナーまで走り、みかんネットを手にはめて人形のお尻を拭きました。

小林美沙他
東北沢ききょう保育園
『わたぼうし2号』2014年、p.29

③ 友だちとともに遊ぶ

子どもは友だちが大好きです。小さいときは大人との関わりを通して友だちとの関係が持続できることもありますが、徐々に子ども同士のあそびのおもしろさ・うれしさに気づき、一層友だちへの興味や関心が広がっていきます。

大人は友だちとの関係がそれぞれの成長にとってよい刺激として働くような場づくり、きっかけづくりをしていくことが大事です。

❶ 0歳児期

4ヵ月前後から近くにいる大人以外の存在に気づき、意識するようになります。また、動作模倣が始まる頃（10ヵ月頃）からは、身近にいる友だちに関心を寄せ子ども同士の共感活動が始まります。

毎日いっしょに生活し遊ぶ中から、お互いが意識でき、関わっていく中で、いっしょが楽しい仲間へと成長していきます。

事例9　「イナイイナイバア……」

　A君が「イナイ、イナイ……」と呟きながら両手で顔を隠すと、A君とは少し離れたところで別のあそびをしていたB君が、A君の言葉に反応するかのように「……バアッ」と言いました。すると、A君は両手で隠していた顔をB君の「バアッ」に合わせてのぞかせたのです。

　2人がその前に一緒に遊んでいたわけでも目を合わせていたわけでもなかったのですが、突然、言葉だけのやり取りが始まったので、つい笑ってしまいました。その後もしばらく2人はお互いに背を向け別の遊びをしながらも、「イナイ、イナイ」「バアッ」という、言葉だけのやり取りを続けていました。

細川由貴他
東北沢ききょう保育園
『わたぼうし2号』2014年、p.16

事例10　はいはいでまてまて

　ひまり　（1歳1か月）が、畳の部屋で、はいはいで進んでいく。にこにこしながら。

　保育者　「ひまちゃん。はいはいでどこいくの？」
　　　　　（声を掛けたら止まっちゃうかな？）

　ひまり　保育者の顔を見て「こっちにいくの」と言ってるように、にこにこして、はいはいで進む。それを見ていた、だいや（10か月）が、ひまりの後を追って、はいはいする。にこにこしながら。

　保育者　「だいちゃんもどこいくの？」
　　　　　（だいちゃんが追いかけてる?!　まてまてみたい）

　ひまり　だいやが後ろから追いかけてくるのを見て、にこにこしながら、はいはいしていく。

　それを見ていた、まな（1歳2か月）は2人を追いかけるように、歩いていく。

　保育者　（まなちゃんもまてまてみたい）

　ひまり　振り返ってまなをにこにこして見るが、スピードを緩めずはいはいで進む。

　保育者　「なんだかおもしろそうだね」（そうだ！）

　保育者もはいはいで、追いかけてみる。

　保育者　「みんな、まてまて」

大塚晃子、あおいガーデン、2016年8月実践記録より

Chapter 3 乳児保育の内容と方法（2）

資料3-2　友だちや大人と関わって遊ぶ

写真1
「いっちょ　いいね」

写真2
「やっほー」

写真3
「ちぇんちぇー　だいつき」

写真提供：NPO法人なのはな、あおいガーデン（静岡市）

❷ １歳児期

　自我が芽ばえる１歳児は大事な「ジブン」と友だちと「イッショ」を求める「オモイ」が交差しながら、さまざまな生活の経験とあそびを通して学んでいきます。まだまだ大人も入りますが、子ども同士の共鳴や共感があって楽しさが盛り上がります。時にはおもちゃの取り合いになることもありますが、その中で友だちとの関わり方を学んでいきます。自分の「つもり」、友だちの「つもり」がわかるようになると友だちとのあそびが楽しくなり、ごっこあそびが始まりかけます。

> **事例11　おやすみ～**
>
> 　あやはがお人形のメイちゃんを抱っこして連れてきて、床にコロンと寝かせるようにおいた。布を持ってきて「おふとーん！」とＴ（註：保育者）に向かっていった。
> 　Ｔ「めいちゃんおひるねするの～？」
> 　あやは「う～ん！」と布をＴに渡す。（かけてほしいかな）
> 　そっと布をかぶせて、Ｔ「めいちゃんおやすみ～」
> 　あやは「おやすみ～」とメイちゃんをとんとんする（まるで大人みたい、かわいい）
> 　Ｔ、子守唄を口ずさむ。あやはトントンしている。
> 　のぞみが園のお人形を抱いて側に来て、同じように床に寝かせトントンを始めた。（のんちゃんもおんなじだ）
> 　まことも園のお人形を持ってきて同じようにしゃがみこんでとんとんする（まことちゃんもこういうのをまねするなんて！）
> 　そのうち、まことがお人形の横にごろんと寝転がる。それをみてか、あやは、のぞみも寝転がる（今度はねるひとになったのかしら、かわいい）
> 　Ｔ「みんなおやすみ～」子守唄をうたいながら。
> 　とうたが走ってきて、みんなのそばに寝転がってごろん。にっこり笑ってそっと目を閉じる。
> 　Ｔ（とうくんもねんねなのね！）「おやすみ～」

勝山梓、なのはなガーデン、2016年８月実践記録より

❸ ２～３歳児期

　自己主張が強まると同時に、「カシテ」「イイヨ」「アソボウ」などことばを通して友だちとの関わりが深まっていきます。平行あそびから一定の

役割をもった共感的あそびが広がり、楽しめるようになります。体験したことや思い描いたイメージをあそびの中に再現できる力も育ってきます。一人ひとりの思いを受けとめながら、ともに遊んでうれしかった体験が多くなるようおもちゃやあそび場設定に心がけていきましょう。

> **事例12　おおかみとこやぎ**
>
> 　ある日、いつものように散歩に出かけました。みんなの後ろを歩いていると、前を歩く子がうれしそうに木に隠れていき、小さい声で「おおかみがくるよ」と話しています。なるほどよーし、おおかみごっこがはじまったな！
> 　「くんくん、うまそうなこやぎのにおいがする。トントンお母さんだよ、開けておくれ」「ちがうよ！　おかあさんじゃないよ！」「おまえはきっとおおかみだろう！」と楽しそうな子どもたち。「本当だってお母さんだよ。あけておくれよ」「はーい、がちゃがちゃ」「食べちゃうぞー」「きゃあー」とおおかみとこやぎの追いかけっこがはじまりました！　食べられて泣いてしまう子もいたり、おおかみに戦いを挑む子もいたりしました。また、うさぎ組の扉の前には数人の子どもたちが「おおかみがくるよ」と期待して待っています。期待に応えておおかみになるときもあれば、「トントントン」「だれですか」「新聞の集金です」「えー」「なんでよ」と大笑いすることも。

松本望穂「一緒がうれしい！一緒がたのしい！」『季刊保育問題研究』第284号、新読書社、2017年、p.52

④ 全身を使って遊ぶ（運動あそび）

　子どもは、発達するにつれて身の回りに関心を広げて動き出し、しだいに全身を使って自在に移動手段を獲得していきます。保育士は、子ども一人ひとりの発達やタイプに合った安全な運動環境を意図的に設定し、全身を使って遊ぶ機会をたっぷり保障していきましょう。そのために、クラスの子どもたちの年月齢に合わせた保育計画を立てていく必要があります。

❶ 0歳児期

　2～3ヵ月頃は、あおむけで大好きな吊り玩具を目で追い、しだいに手を伸ばし、握り玩具を握ったり振ったりして遊び出します。5～6ヵ月頃には首もすわり足をあげ腰を回転させて寝返りが始まります。うつぶせの姿勢を経験すると、しだいに首が上がり正面からの世界に手を伸ばし始め

ていきます。

　やがて、0歳後半はハイハイで動き出します。部屋にある大型遊具・運動教具を組み合わせて、ハイハイの動きが楽しめるように設定をしていきましょう。

> **事例13　ハイハイをはじめると**
> 　みんなで遊ぶ・食べる・眠るができるようになって、こどもたちが気持ちよくすごし（中略）、行きたいところへ腹ばいや四つばいで行き、行ったり来たりと、活動範囲も広がっていきました。ハイハイでの活動を豊かにと、布団の山や、キャンディークッションの山、ろく朴に戸板をかけた坂道などを登り降りしたり、ろく朴のトンネルをくぐったりと、いろいろな活動の場を作り楽しんできました。動けることが嬉しくて、大人や、気になるおもちゃめがけて進んでいきます。

和田優香「乳児期から始まる身体づくり」
『季刊保育問題研究』第254号、新読書社、2012年、p.186

　そして1歳をこえる頃は、友だちの模倣も増え、いっしょに共感し合いながら運動を楽しめる場面も見られるようになってきます。

> **事例14　友だちもいっしょに**
> 　滑り台と階段を組み合わせて、ちょっといつもより高い山をつくると、たかおくん（註：1歳2ヵ月）は足の指で力強くけって、はいはいでぐんぐん滑り台の方から登っていき、頂上で向きをくるっと変えて降りてきます。きょうたくん（註：1歳1ヵ月）もすぐにそのまねして登っていきました。（中略）その後もあそび続け、飽きてくると2人で顔を見合わせて階段をとんとんとたたき合って笑っていました。

横井喜彦「0歳児クラスの保育計画・『運動』面の発達から見た保育計画」
保育計画研究会編『改訂版 実践に学ぶ保育計画のつくり方・いかし方』ひとなる書房、2013年、p.64

❷ 1歳児期

　歩き始めは、バランスを保つために両手を大きく上に上げています。しだいにその手も下がり、歩行が安定してきます。こうして自由になった手を使って、友だちと手をつないでみたり、さまざまな自然物に触れたりします。ぶらぶらと散歩に出て、いろいろ歩き回ってステキなものを夢中になって探しまわるのも楽しい活動です。

Chapter ❸ 乳児保育の内容と方法（2）

資料3-3　全身を使って遊ぶ

写真1　0歳後半　お部屋ですべり台。何度もすべろう

写真2　1歳児期　この道大好き、階段登っていこう

写真3　2歳児期　戸外サーキット。芝の斜面を下って石段につかまって

写真提供：写真1・3／かやの木保育園（岐阜県）、写真2／横井喜彦

事例15　散歩を通して
　春の頃は、楽しむというよりも気分転換に出かけていきましたが、子どもが落ち着いてからは「今日はどこに行こうかな？」「いい物あるかなぁ？」と散歩に出かけることがワクワク楽しみになりました。どんぐりの木がたくさんある公園ではいろいろな形や色のどんぐりがたくさんあって、「こんなどんぐりもあるよ」と知らせていく事で、子どもたちも行くたびに「大キイノアッタ！」「チッチャイノネー」「マンマルチャンアッタ！」と発見し、どんぐり拾いに夢中になりました。

田中紀子「きっかけから広がる楽しいあそび」『季刊保育問題研究』第260号、新読書社、2013年、pp.457-458

　そして、歩く・這う・くぐる・またぐ・跳ぶ・登る・渡る・滑る……といった粗大運動が好きになり、戸外でも室内でも楽しめるようになります。室内での運動あそびは、天気に左右されないことや、子どもたちの細かな発達や個性に見あった設定がつくりやすいこと、友だちの動きも見やすいなど、たくさんのメリットがあります。運動教具を組み合わせて使用すると、運動の幅も広がります。

❸ 2～3歳児期
　2歳児クラスは、2歳から3歳になる子どもたちです。この1年はとても大きな変化があります。そのひとつとして、大きな動き（粗大運動）が充実する時期から、少しずつ自分の動きを調整しようとする（調整運動）時期になります。バランスをとったり手足の協応も巧みになり、公園のブランコやジャングルジムも楽しめるようになってきます。また、友だちを意識していっしょに動き回るあそびも盛んになります。

事例16　運動会もパラダイス
　園から15分ほど歩いたところに河川敷があり、そこに石垣があります。プールが終わった頃からよく出掛けてあそびました。高さは2メートル程で角度も程よく、芝に囲まれているので安全です。子どもたちは、石垣をのぼると芝の斜面を降りてきてまた石垣にのぼり、とサーキットのようにあそびました。（p.75 **写真3**）（中略）このような変化のあった9月中旬「パラダイスごっこしよう！」と園においてある鞍（高さ140センチメートル位）を出してきて、石垣に見立てました。（中略）石垣で鍛えた子どもたちは、鞍もすぐに慣れました。「もう一回やりたい！」と盛り上がりMくんものぼっていきま

> した。そんな子どもたちの姿から「心も身体もたくましくなった姿を見せてあげたい！」と（中略）運動会の競技に取り入れることにしました。

村松篤「幸せの瞬間を共有する」『季刊保育問題研究』第284号、新読書社、2017年、p.319

3歳の子どもたちは、これまで行なってきたあそびを土台に、かんたんなイメージを共有しそれを励みに、ダイナミックに、かつ身体を調整しながら動けるようになってきます。この時期には、こうした経験ができる設定や活動を計画して行なうことがたいせつです。

2 あそびと環境

❶落ち着ける環境

あそびの環境のポイントは「落ち着ける環境」です。言い換えると「自分の居場所」があるということです。室温や湿度、風通し、採光など過ごしやすい環境条件を整えるとともに、ひとりはもちろん少人数で過ごせる場所、落ち着ける装飾や雰囲気がほしいものです。とくに0歳児は発達に応じて見える場所が変わります。適切な時期に子どもの視線を意識して環境を整えることがたいせつです。

落ち着ける場所をつくる際に「しきり」で「コーナー」を設けることがよくあります。子どもが立って目隠しできる程度のしきりを使い、他の子に邪魔されずにじっくりあそびに集中し、お気に入りのおもちゃや絵本を持ってきて過ごせる場所です。しきりは、おもちゃ棚や大型遊具、時には押し入れ・ウレタンマット、市販の木製サークルや簡易的なしきりなど利用してつくったりもします。また、じゅうたんや丈夫な布などを敷いてコーナーを子どもたちにわかりやすく見せるくふうなどされたりもします。

❷積極的に戸外へ

乳児期の発達においては、運動発達と対人認識の発達やコミュニケーションの発達とが連動していることがわかります。発達の源泉でもある運動を保障する意味でも、思い切り全身を使って遊べる環境を保障することがたいせつです。

0歳では外気浴、そして戸外の環境に慣れることから散歩が始まります。歩行が確立されてくると、さまざまなところを歩くことが楽しくなっ

資料3-4　月齢ごとのあそびの内容

	2～3ヵ月	4～6ヵ月	7～9ヵ月	10～12ヵ月
身体機能の発達	・あおむけ姿勢	・ものに向かって手が出る ・あおむけからねがえり	・這う ・おすわり姿勢 ・手の動きが自由になる ・姿勢の変換 （はいはい→おすわり）	・はいはいが活発になる ・つかまり立ち ・伝い歩きが始まる ・大人の模倣ができ始める
大人と遊ぶ	・あやしあそび ・いないいないばぁあそび	・顔あそび ・ゆらしあそび （わらべ歌「おおかぜこい」「でこちゃん、はなちゃん」「このこどこのこ」など）	・はいはいでのまてまてあそび ・いないいないばぁ ・かくれあそび ・ひざのせあそび ・やりもらいあそび （「ちょうだい、どうぞ」）	・手あそび、歌あそび （「ちょち、ちょちあわわ」「にぎりぱっちり」「でろでろ」） ・絵本・ペープサートなどを見る
ものと遊ぶ	・音が出たり、動いたりするものを見て聞いて楽しむ （つるしメリー）	・握ったり、なめたり、振ったりして楽しむ （握りおもちゃ、ベビーボールなどのつるしおもちゃ） ・手を伸ばし握ったり振ったりする （ころがるおもちゃ、ゆっくり動く自動車など）	・おすわりでものを持ち替えたり、振ったり、引っ張り出すあそび	・つっこんだり、入れたりするあそび ・立った姿勢でもすわった姿勢でも遊べる （「ポットンおとし」などのおもちゃ） ・壁面のあもちゃあそび
友だちと遊ぶ		・遊ぶ時は、子ども同士、隣にいっしょに並べ、顔が見えたり声が聞けたり触れたりできるようにする		・友だちが楽しそうにしていることに目を向けたり、そばに行って模倣を楽しむ
全身で遊ぶ		・うつぶせで頭を持ち上げ、おもちゃで遊ぶ ・うつぶせ姿勢で体を腹軸回転したり、手を伸ばしておもちゃと関わる	・はいはいしながらトンネルくぐり （大きなダンボールでつくったトンネルや窓のついた遊具など）	・斜面のぼり ・はいはいでの斜面のぼり、山のぼり （マット、ロングクッションなどで小山をつくる） ・探索あそび （這ったり伝い歩きをしたり）

1歳児	2～3歳児
・歩行の獲得 ・ものに見合った手の使い方ができ始める ・イメージの芽ばえ、模倣がさかんになる ・自我がふくらむ	・動きが活発になる ・自分の「つもり」がふくらむ ・ことばでの表現ができ始める ・好きな友だちができる
・手あそび ・歌あそび ・「わらべ歌」など ・見て楽しむあそび 　（絵本・紙芝居・ペープサートなど）	・手あそび ・歌あそび ・リズムあそび ・見て楽しむあそび 　（絵本・紙芝居・ペープサートなど）
・ものを入れたりつっこむあそび 　（すわっても立っても遊べるように壁面や机でのあそびを用意する） ・はめこみあそび ・積み木あそび ・うつしかえあそび ・みたてるあそび 　（ブロック、積み木、人形、布、自動車、小麦粉粘土など）	・構成あそび 　（各種ブロック、大小積み木、粘土など） ・はめこみあそび ・ひもとおし ・生活再現あそび 　（ままごと道具、人形セット、お医者さんセット自動車セットなど） ・絵描きあそび ・スタンプあそび
・かくれんぼあそび ・追いかけかくれあそび ・布あそび ・友だちとまねっこして楽しむ	・つもりのある追いかけあそび ・かんたんなルールのある集団あそび ・ごっこあそび ・絵本を友だちと見て楽しむ
・ぶらぶら散歩 ・園庭あそび、砂あそび ・散歩（乳母車も使って） ・近い見通しをもって行く散歩 ・水あそび・プールあそび ・自動車あそび（押す、またがる、乗る） ・室内でもできるあそび 　（大型ブロック、ろくぼくなど）	・園庭あそび、砂場あそび ・散歩 　（目的をもち、距離を少し長くした散歩） ・公園の固定遊具あそび ・水・プールあそび ・ボールあそび ・室内にて大型遊具の設定あそび ・自動車・三輪車あそび

てくる時期に入ります。段差や石畳の道、土や草の上などを歩いたりするのも楽しいものです。ちょっとした場所でくぐったりまたいだり、段差を跳んでみたり、階段の登り降りや坂道など、安全に注意しながら、戸外でのあそび場を保障していきましょう。

❸室内の環境──動きが生まれる環境

　ぜひ室内でも、全身を使って遊ぶ環境を設定しましょう。乳児期の子どもは幼児と違い保育士の声かけで、あるいはルールを決めて動くことは困難です。しかし魅力的な環境が構成してあれば、自ら動き出すという場面がたくさんみられます。「登りたくなるような布団の山」「登りたくなる階段」「くぐりたくなるトンネル」「滑りたくなる斜面」……など設定から運動が生まれます。

　室内は、戸外と違い天気に左右されることなく、月齢や個性などに応じて一人ひとりに見あった設定を細かく行なうことも可能です。大型遊具や、運動教具（マットや巧技台・跳び箱など）を利用しながら、ハイハイを促したり、登る・降りる・滑る・またぐ・跳ぶなど粗大運動を経験できるような楽しい環境を設定できる時間と場所をつくってみましょう。

❹友だちとつながれる環境

　環境構成に「友だちが見える」という視点を取り入れることはたいせつです。たとえば、友だちの遊ぶ場面が見られるように複数の設定を組み合わせた「運動サーキット」を行なったり、感触あそびで楽しく遊ぶ姿を見合ったり、みたて・つもりあそびでは保育士が間に入って友だち同士のイメージをつなげたりするなどの働きかけもたいせつです。

3 あそびにおける保育士の役割

　あそびの中での保育士の役割は、1つには現在までに積み上げられた「あそび文化」を大人が楽しんで遊びながら子どもに伝えることです。おもしろいと「もう一回」と何度も要求をして楽しみながら、自分たちのものにしていきます。そのようすを月齢や年齢により、表情で訴えたり、ことばにしたりして表していきます。その意味で、あそび文化は、あそびそのものが子どもに快い楽しさをもたらすものであり、さらにイメージを豊かに広げ、友だちとの関わりを身につける内容をたくさん持っています。

　2つ目には、この時期の子どもはもっとも発達のめざましい時期ですので、月齢、年齢にふさわしいあそびと快い環境（おもちゃ、遊具、空間など）を用意することです。

　3つ目には、子どものあそびを広げるための保育士の関わり方です。あそびの場面では、子ども自ら意欲的に遊ぶことをたいせつにしますが、いっそうあそびをおもしろくするためにいっしょに遊ぶこともあります。一方、意欲的に遊べない子どもや、おもちゃの扱い方がわからず投げたり、友だちのおもちゃをもっていったり、つくったものを壊したりするなど、適切な関わりができない子どもには、保育士が子どもに働きかけることが必要になります。ことばで十分表現できない子どもの思いをくみ取ることや保育士のことばかけも配慮する必要があります。

4 あそび文化

　0歳～3歳までの子どもの「あそび文化」は乳児保育にとりくんできた保育所の中にたくさんあります。絵本をはじめ、各家庭で受け継がれてきた伝承あそび、伝統的なあそび文化の中での「わらべ歌」などの研究や掘り起こしもされてきています。保育所が子育て支援の機能を持つようになり地域の子どもとの交流も始まっている現在、あそび文化の果たす役割はとくに重要です。0歳～3歳頃までの「あそび文化」としては、おもちゃ、わらべ歌、手あそび・歌あそび、絵本・紙芝居、ペープサート、パネルシ

アター、エプロンシアター、人形劇などがあげられます。ここでは、絵本以外については参考資料の紹介にとどめます。

❶絵本とのはじめての出会い

　0歳前半において絵本の読み聞かせは大人が自分に向かって話しかけてくれることをうれしく感じる、その際の媒介物となります。

　10ヵ月前後の子どもは、大人からの楽しい関わりを期待し、大人が繰り返す楽しい動作（オテテパチパチ、コンニチワ、バイバイなど）の模倣ができるようになります。絵本の楽しさを伝えるにはこの頃がいいでしょう。何よりたいせつなことは、大人が子どもに絵本を楽しく読み、子どもと遊ぶつもりでゆっくりゆったり伝えていくことです。

❷絵本のすばらしさ

　絵本を通して物事との楽しい出会いを経験します。物事への興味を広げたり、イメージを豊かにふくらませたりします。そして、子どもの生活を楽しくしてくれます。

事例17　からだと声と身ぶりの響き合い

　どんな絵本をどのようにして読むかで、子どもたちの見方もまったく違います。1人がおもしろくて足をバタバタさせるとみんなそろってバタバタ、そして「キャーキャー」笑い合い、隣同士、またうしろにも振り返り響き合っています。

　『ねないこだれだ』（せなけいこ作・絵、福音館書店）や『きれいなはこ』（同前）を声のトーンを落として読むと、「きゃーっ、こわい」と両手を口にあてるユカリちゃん、ダイスケくん、ソウタくん。すると続いてカンタくん、リサちゃんもまねっこ。それ以来必ず「こわい読んで……」と言いにくるソウタくん。保育者「じゃぁ、こわいの読むよ……」とイスに座ると固まって、「はじめるぞー」と言わんばかりにからだを寄せ合っていました。「おばけちゃん」が飛んでいくと「ばいばーい、またね……」と見送っている子どもたち。よくしゃべるソウタくんを筆頭に「ばい、ばーい」と遠くの方を見ながら手を振り見送るふりをしています。

記録：服部貴子
服部敬子編著『子どもとつくる1歳児保育』ひとなる書房、2013年、p.20

Chapter 3 乳児保育の内容と方法（2）

資料3－5　月齢・年齢による絵本選びと読み聞かせ

	絵本選び	読み聞かせのポイント
0歳前半	・擬音語・擬態語、リズムのある本 ・りんかくがはっきりして、正面向き	・できるだけ近くで目線に合わせて ・やさしくやわらかい声で、ゆっくり ・笑顔でていねいに・穏やかに
0歳後半	・子どもが知っている身近なものが描かれているもの ・擬音語・擬態語など楽しくてリズムのある繰り返しのことばのあるもの	・読んでいるところを指で押さえ、子どもの視線を誘う ・大人といっしょにまねて遊ぶ
1歳前半	・かんたんなストーリー ・子どもにとって身近なもの ・リズムのある繰り返しのことば ・大きくはっきりした絵	・テンションを上げ、メリハリをつける ・子どものことば、指さしに応える
1歳後半	・生活やあそびに身近なもの ・日頃よく使う&リズミカルなことば ・絵や文も少し増え、探したり理解する喜びを感じたりできるもの ・あそびにつながるもの	・しっかりことばが伝わるように読む ・絵がゆっくり見えるように
2歳	・少し長いストーリー性のあるもの ・現実の世界から生まれるハラハラドキドキ感のあるもの ・想像あそびに広がるもの ・繰り返しやことばのおもしろさが楽しめるもの	・ことばが子どもの心に届くように、はっきり、ゆっくりと読む ・絵をゆっくり見せる ・子どもの読み聞かせ中、指さしとことばは考慮しながらも、ストーリーが切れないよう最後まで読み通す ・読んだ後、子どもが納得するまで絵が見られるようにする
3歳	・楽しいストーリーに引き寄せられるもの ・子どもがイメージをふくらませられるもの	

出所：徳永満理『赤ちゃんにどんな絵本を読もうかな――乳児保育の中の絵本の役割』かもがわ出版、2009年、p.39、pp.48-49、54-55、61-62、76-78にもとづき作成

❸絵本の選び方と読み聞かせのポイント

　０歳〜３歳までの子どもたちの絵本も数多く出版されています。子どもの興味、子どもが見たいものを選んでいきますが、**資料３−５・６**を参考にしてみてください。

❹その他の参考資料
〈紙芝居〉
・シリーズ０〜１歳児「あかちゃんかみしばい　ぱちぱち　にっこり」
　「あかちゃんかみしばい　よちよち　は〜い！」童心社
・シリーズ２〜３歳児「ぴよぴよシリーズ」「おはなしほっこり」童心社
・シリーズ「０・１・２かみしばい　すくすくのびのび」「いないいないばあ」
　「いいおかお」「だっこ　だいすき」教育画劇
・シリーズ「おはなしなーに」「かわいい八つのおはなし」教育画劇

〈わらべ歌〉
・ちいさいなかま編集部『なにしてあそぶ？　保育園で人気の０・１歳児のあそび』草土文化、1996年
・コダーイ芸術教育研究所『いっしょにあそぼうわらべうた　０・１・２歳児クラス編』明治図書出版、1998年
・久津摩英子『赤ちゃんから遊べるわらべうたあそび55』チャイルド本社、2014年

●演習課題

（１）みんなの前で声を出しながら絵本を読み聞かせましょう。
（２）かんたんな絵本をつくってみましょう。
（３）身近にある素材を利用して、楽しく遊ぶ子どもの姿を想像しながら手づくりおもちゃをつくりましょう。
（４）小さい子どもを見つけたら、どんなあそびをしているか観察したり、いっしょに遊んだりしてみましょう。

資料3-6　0歳児・1歳児・2～3歳児の絵本の紹介

0歳～1歳
- 松谷みよ子『いないいないばあ』童心社
- 薮内正幸『どうぶつのおやこ』・『おかあさんといっしょ』福音館書店
- 平山和子『くだもの』福音館書店
- まつおかたつひで『ぴょーん』ポプラ社
- いまきみち『あがりめ さがりめ』福音館書店
- 林明子『おててがでたよ』・『おつきさま こんばんは』福音館書店
- 寺島龍一『じどうしゃ』福音館書店
- かがくいひろし『だるまさんが』シリーズ、ブロンズ新社

1歳～2歳
- きむらゆういち『ごあいさつあそび』偕成社
- まついのりこ『ばいばい』・『じゃあじゃあびりびり』偕成社
- 林明子『くつくつあるけのほん』福音館書店
- 前川かずお『おひさま あはは』こぐま社
- 平山和子『いちご』福音館書店
- せなけいこ『ねないこだれだ』・『にんじん』・『ふうせんねこ』福音館書店
- 谷川俊太郎『めの まど あけろ』福音館書店
- 安西水丸『がたん ごとん がたん ごとん』福音館書店
- 柳原良平『ゆめ にこにこ』こぐま社
- 谷川俊太郎『もこ もこもこ』文研出版
- 五味太郎『きんぎょがにげた』福音館書店
- 山本忠敬『しゅっぱつしんこう！』・『ずかん・じどうしゃ』福音館書店

2歳～3歳（1）
- 松谷みよ子『のせてのせて』童心社
- 多田ヒロシ『だれかしら』文化出版局
- 西内ミナミ『しっこっこ』偕成社
- ひろかわさえこ『いちにのさんぽ』アリス館
- わかやまけん『こぐまちゃん』シリーズ、こぐま社
- 神沢利子『たまごのあかちゃん』福音館書店
- 岸田衿子『かばくん』福音館書店
- 中川李枝子『ぐりとぐら』シリーズ、福音館書店
- 石井桃子『ちいさなねこ』福音館書店
- 片山健『おやすみなさい コッコさん』福音館書店
- 長新太『ごろごろ にゃーん』福音館書店
- 多田ヒロシ『おんなじ おんなじ』こぐま社
- きたやまようこ『おにの子あかたろうのほん（全3巻）』偕成社
- エリック・カール『はらぺこあおむし』偕成社
- マーシャ・ブラウン『三びきのやぎのがらがらどん』福音館書店

2歳～3歳（2）
- きむらゆういち『ひとりでうんちできるかな』偕成社
- なかのひろたか『ぞうくんのさんぽ』福音館書店
- キヨノサチコ『ノンタン』シリーズ 偕成社
- なかえよしを『ねずみくんのチョッキ』ポプラ社
- ルース・ボーンスタイン『ちびゴリラのちびちび』ほるぷ出版
- 梅田俊作／佳子『とんでけ とんでけ おおいたい！』岩崎書店
- ディック・ブルーナ『うさこちゃんとどうぶつえん』福音館書店
- エウゲーニー・M・ラチョフ『てぶくろ』福音館書店
- A・トルストイ再話『おおきなかぶ』福音館書店
- 渡辺茂男『しょうぼうじどうしゃ じぷた』福音館書店

資料3-7　手づくりおもちゃをつくってみませんか？

- 「おもちゃ」づくりをしてみませんか。子どもとの関わりが楽しくなってきますよ。
- 紹介するのは、家庭にころがっているもの、捨てる物に少し手を加えてつくる「手づくりおもちゃ」です。
- 子どもにとっての安全性を考えてつくりましょう。12ヵ月頃までは、なんでも口に入れますので、材料は、食品の空き容器などがよいでしょう。中に入れる物（鈴、小玉など）は外にこぼれ出ないようにつくりましょう。

イラスト協力：小川安里紗（けやきの木保育園・名古屋市）

はいはいで遊べる頃——6ヵ月頃から

● ころがるおもちゃ
　空の容器、鈴、接着テープなど

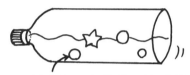

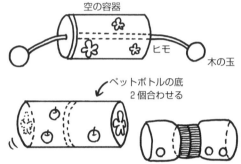

おすわりで遊べる頃——6ヵ月頃から1歳3ヵ月頃

● ひっぱり出すおもちゃ
　空き容器（フタがプラスチック）
　ヒモ・チェーンリング、木の玉
　ティッシュペーパーの空き箱、布

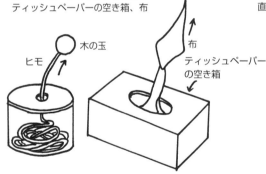

● ポットンおとし
　ミルク缶など（フタがプラスチックがよい）
　包装紙、色紙、のり、ハサミ、マジックペン、ビニールテープ
　直径4cm以上の球、ペットボトルキャップ

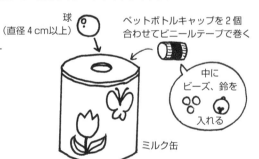

● 4コマ絵本
　カレンダーまたは、画用紙、マジックペンなど

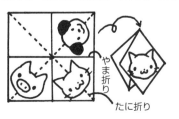

少し集中するあそび――1歳2ヵ月頃から

● マンマたべて
　牛乳パックまたはペットボトルまたはダンボール
　包装紙、色紙、のり、ハサミ、マジック、ペイントマーカー

みたてたり、つもりになったり楽しくなるあそび――1～2歳頃

● 自動車・大きいおうち
　小さい自動車：牛乳パックまたは細長い箱、包装紙、色紙、のり、ハサミ
　大きい自動車：ダンボール箱、布または包装紙、ハサミ、木工ボンド、またはのり、カッター
　大きいおうち：同上

● だれのおうちかな
　牛乳パック（1000cc）、ハサミ、色紙、のり

第4章 保育の記録と計画

1 子どもの姿・活動の記録

　0・1・2歳の子どもたちと関わっている毎日は、驚きと喜びの毎日です。保育士たちが、忙しい保育の合間をぬって打ち合わせのために集まったり、休息したり、わずかな時間に「Ａちゃんが棚につかまって、はじめて立ち上がったのよ」「Ｂちゃんがやっと歩けるようになって、立ったり座ったりするたびに、何かつぶやくんだけど、何を言っているのかしら、と思っていたら『よいちょ』ですって。だれのまね？」……と目を輝かして語る姿は、どこの保育園でもよく見受けられるものです。そして、このような心揺り動かされた子どもたちの姿を私たちは、メモにとり、記録にしていきます。メモ・記録のそれぞれのたいせつさを考えてみたいと思います。

① メモをとること

　「はいはいを始めた8ヵ月のＣちゃんが、少し先に転がっている赤いボールが気になったようで、一生懸命はいはいして取りに行きました。その後、それを手で右に左にと転がしているうちに、ドアのレールのところまで行きました。本人もそこまではいはいして行き、ボールに追いつきます。今度はレールのところで、行ったり来たりとずっとボールを転がしています」──そんな場面に出会った時に、私たちは、Ｃちゃんの姿に思わず引き込まれながら、「自分でボールを取りに行けるなんて成長したね」とか、「自分の手でボールをコントロールできることを喜んでいるのかしら？」とか、「レールを転がしながらどんなことを感じているのかな？」

とかいろいろとその場では思い巡らします。けれど、その記憶をそのままにしておいて時間が経過してしまうと、思い出せないものです。

メモをとることは、この"瞬間"の子どもの姿をとらえていくうえで、重要な役割をしています。上記の例だと、たとえば「Cちゃん（8ヵ月）赤いボールで遊ぶ」と一言メモしておくだけで、次にメモを見たときに、その時のCちゃんのようすがありありと脳裏に浮かんできます。

子どもと関わっている時に、思わず微笑みたくなるような子どものことばや会話を、細かくメモにとり、「語録集」のように集めた保育士もいます。また、気になっている子どもと関わって気づいたことを、自分の手帳に毎日メモをして、その子の理解に役立てていた保育士もいます。メモをとる作業は、そのことを習慣化し、記録へと生かし、それを基盤として保育を見直したり、保育の計画や実践をつくり上げていく基本の作業です。

② 記録はなぜ必要か

メモにとったものから、今度はより詳細にその時のようすを描いていくものが記録になります。では、なぜ記録にしていくことが必要なのでしょうか。

❶子どもの行為の意味を考察し、子ども理解を深めていく

保育中のお昼寝の時間や、掃除の時間あるいはその日の保育が終わった後に、心に残った子どもの行動や、成長を感じる姿がふと浮かんでくることがよくあります。またやりとりをしていく中で"いっしょが楽しい"と保育士も心わくわくさせられる瞬間を感じることも多くあります。反対に、意味のわからない困った行動に悩まされることも多いことでしょう。これらの場面をメモにとり、そして記録として残しておくことは、たとえば成長の記録では、その子自身の発達段階を見極めていったり、今までの発達からの流れや今後の見通しにつながっていったりします。また、記録に残すことで子どもの姿から、その背後にあるその子の思いや感情、本人なりにとりくんでいる課題などを思い巡らし、深く考えていくことができます。そして、保育における非常にたいせつなもののひとつである「子ども理解」が深まっていきます。また、自分とのやりとりの場面においては、心のやりとりも考えることで、二人の間で心が響きあっている、ある

いは逆に何か少しずれているとより意識的に感じるようになります。鯨岡峻も、「行動的な関わり合いの背後で動いている両者の心と心の絡み合い、つまり、子どもの主体としての思いを保育者もまた主体として受け止めて返すところが、子どもと保育者の関係がどの方向に動いていくかを左右しています」と、その両者の目に見えない「『育てる』という営み」の中での子どもの育ちの重要性を指摘しています。

❷自分自身の保育について俯瞰的に振り返る（内省）

 0・1・2歳の子どもたちは、身体全体でさまざまなことを思い切り表現します。子どもの感情はパワフルですから、こちらの感情もかなり揺り動かされることが多くあります。また、日々の保育においては、同じことをやっているからこその安心感や安定感を子どもたちが感じることができるという利点がある一方で、保育士のほうが流れ作業のように、何も考えずに保育を進めてしまうという危険性もあります。自分自身が子どもとのやりとりでどのようなことばかけや行動をしていたのか、その時どのような感情が心の中で動いていたのか、これらのことを記録に留め、考えていくことは、自分自身の保育を反省するとともに、自分の心とも向き合うことができる貴重な資料となります。自分の保育を振り返ることについて津守真は、「体験として、ほとんど無意識のなかにとらえられている体感の認識に何度も立ち返り、そのことの意味を問うのである」と述べています。

❸子どもを観察する力を高める

 前述したように、子どもをより深く理解しようとすると、私たちは自然に、できるだけ忠実に子どもの姿をとらえようとするようになり、その奥にある子どもの思いを瞬時に考えるようになります。それは慣れてくると、保育をしながらでもできるようになります。「できるだけ忠実に子どもの姿をとらえる」ということは、心に残っている子どもの姿を記録にしていく時に、誰が読んでもわかるように書くということです。この子どもの姿を具体的に文字にし、記録にしていくという行為自体が、子どもを観察する力を高めてくれます。観察する力が高まり、その記録の表現力が高まると、保護者や第三者にもその時の子どもの姿を正しく伝えることができるようになります。

| 資料4-1 エピソード記述の例 |

1歳児　7月

ホントは、もっと見て欲しい……

〈背景〉

　4月当初から、自分の好きなことを見つけて楽しむ姿がみられたKさん。昨年からの在園児であり、園生活にも慣れていた。(中略) 今では、午睡後おむつが濡れていないことも多くなった。片づけも含め、自分の身のまわりのことも出来ることが多く、しっかりしているなと感じる。しかし、その反面、指吸いがずっとあり、夕方になると、給食やおやつの時に使うエプロンを自分のカバンから引っ張り出し、首から下げている。エプロンは精神安定剤のようなもので、一時期しなくなったが、7月に入り、再びする姿が出てきた。

〈エピソード〉

(前略) 最近 (7月) は、母親の近くにくっついており、別れるときに涙するようになった。(中略) しばらく抱っこをしたまま、部屋の中を見渡せるようにすると、指吸いをしながらなんとなく見ている。"もうしばらく、甘えさせてあげよう"と「先生、ちょっと、お手紙見ててもいい？」と声をかけ、抱っこしながら連絡帳を広げ読むことに……「Rちゃんは、もう、お熱下がってるかな……」(中略) などひとり言のようなことばを話しながら、Kを抱き寄せると、私に身体を預けるものの、母親の方がいいが、Kなりに我慢をし気持ちを切り替えようとしていることが伝わり胸が痛くなった。しばらく過ごしていると、だんだん、Kさんの視線が友達の方に。「そろそろ、遊んでくる？」と声をかけて降ろすと自分から離れ、テラスに向かった。ジャングルジムに上って遊んでいる友達に合流し、いつもと変わらぬ様子で楽しそうに笑顔を見せるKさんであった。(後略)

〈省察〉

　4月当初から、激しく泣くこともなく、いつも楽しそうに笑顔を見せ、自分で遊びを見つけて過ごしていたKさん。いわゆる"手のかからない子"の一人である。友達とのトラブルや困った時に保育者に訴えることもできるので、安心してしまい、知らず知らず気持ちを向ける時間が少なくなっていたことを反省した。
　指吸いがあることやエプロンを心の支えにしているという姿を感じながらも、ついつい、泣いている子や手のかかる子を中心に見てしまい、結果として一番寂しい思いをさせてしまっていたのかもしれない。(中略)
　午睡時も自分から布団に入ることが出来るので、泣いている子にかかわっていると、一人で眠りにつかせてしまうことも……こんな日常の積み重ねが、より寂しさを増大させているとしたら、本当に申し訳ないことだと、反省した。Kさんにべったり関われなくても常に気持ちの中に、Kさんの姿を意識し、"ちゃんと、見てるよ"という思いを伝えていくようにしないと……と強く感じた。
　一対一の関係が、十分に必要な乳児期。泣いている子への配慮はもちろん必要であるが、その陰に隠れてしまっているKさんのような子どももいることを忘れてはいけない。こんな小さい頃から、周りに気を使わせてはいけない……深く反省である……Kさんの心が満たされ、より安心して過ごせるようさりげなく心を配りたい。(後略)

出所：ひきえ子ども園「つづれ織り」

③ どのような記録があるか

　具体的に保育士が書いていく記録には、おもに下記のものがあります。この3つの保育の記録に共通していることは、その保育士がなぜ記録に書き留めようとしたのか、記録の場面をどのように見たのかなど、それぞれ保育士の思いや考えや意図を背景にした観察の結果であるということです。「見たことを正確に書く客観性と、その姿を保育者としてどのように見て感じ取ったのか……それは主観です」と述べている今井和子は、そのどちらも欠かせないのが実践記録だと明らかにしています。

❶保育日誌

　園によって、形態はいろいろです。日案で立てた計画に対して、実際にはどのような一日となったのか、振り返っていきます。また、その日の生活がどうであったか、子どもたちがそこでどのように過ごしたかを記録にするものです。0歳児では、個々人の日誌があったり、大きくなると、その日の一日の流れに対し、実際にどのような子どもの姿があったかを書いたりするものもあります。保育日誌が、家庭との連絡帳も兼ねているものもあります。これは、毎日書く記録です。

❷エピソードの記録

　具体的な場面の記録をエピソードに残しておくことは、非常にたいせつです。園によっては、実践記録・エピソード記録・エピソード記述など、呼称はさまざまですが、たいせつなことは、自分の心を揺り動かした保育の場面をできるだけ「ありのまま」に記録し、その時の子どもと保育士の関係性やそれぞれの思いを考えることです。一人ひとりの子どもの理解や、集団の理解を深めます。**資料4-1**は、エピソード記述の例です。

❸家庭との連絡帳

　3歳児未満、とくに0歳児・1歳児は、家庭との連携や"いっしょに育てていく"ためにコミュニケーションを密にとっていくことは欠かせません。毎日の家庭との連絡帳には、体調などで気をつけること、ミルクの量や食事のこと、成長の姿などを記述していきます。

| 資料4-2　家庭との連絡ノートの例 |

氏名　T.K.　　　　　　　　　　　　　　　0 歳 6 ヵ月

○○ 年　1 月　7 日　○ 曜日　天候　○○

時間	睡眠	授乳	食事(献立)	排便	家庭からの連絡　記録者　母
昨日			帰宅		ひさしぶりの保育所。散歩、体操、お友達と盛りだくさんで疲れたのでしょうか、6時過ぎに眠ってしまいました。
帰宅後すぐにミルクを与えたのですが、ウトウトしながら飲んでいるらしく、飲み終わるとグーグーと寝てしまいました。いつもは眠いときはグズグズワーンと泣き、「トントンシロ」とばかりに大騒ぎするのですが、今日はそれもせず、あっという間に眠ってしまいました。
お正月休み前においしそうな離乳食メニューを作ってもらったのですが、前半は下痢気味を理由に、後半は自分の台所でないことを理由にサボってしまいました。これからは反省しておいしい離乳食を作ります。
18		M210cc			
19					
20					
21				(便)	
22					
23					
24					
今日					
5					
6		M220cc			
7					
8		M30cc			

| | | | | | 健康状態 | 良 | 検温 | 36.7° |

時間	睡眠	授乳	食事(献立)	排便	保育所からの連絡　記録者　K
9					今日T君はごきげんで、Yちゃんと仲良く話をしたり、お姉さんお兄さんのやることを楽しそうに眺めたり、車の絵本を見ながら「赤い車よ。ブーッ」とお話しすると、大きいお兄ちゃんにまじってニッコリ大喜び。お昼も元気よくおかゆと煮物(註:ペースト状)を平らげました。
お兄ちゃんたちが持ってきた雪を見せると不思議そうな顔をして、雪をほっぺにつけて「冷たいねー」と話しかけると興味津々の顔をして触ったりしていました。足のつっぱりもだんだん強くなり、うつぶせ遊びも上手になり、もうすぐハイハイしそうな様子ですね。
10		M150cc			
11	40		離:じゃがいも、にんじんの煮もの おかゆ		
12					
13	30	M200cc			
14					
15	30				
16	00	M200cc			
17					
18					

| 連絡事項 | 明日1月8日(木)予定通り運営委員会を開きます。PM6時。よろしく。 | 健康状態 | 良 |

④ 記録をとること

　実際に記録を書く場合に、おさえておく必要があるポイントは、おもに次の3点です。

❶何を記録するのか──視点は何か

　心に残った場面の記録を書く場合、その出来事がどんなことであったから心に残ったのかを考える必要があります。つまり、"テーマは何か"ということです。たとえば「おもちゃの取り合い」「発声の始まり」「歩き始め」……といったその場面に自分がもっとも適したと思われるタイトルをつけることによって、視点がはっきりします。

❷具体的に書こう

　「登園してからのAちゃんは、楽しそうに部屋の中で遊びました」とだけ書かれてあっても、何をして楽しそうであったのか、どのように表情が変わっていって楽しそうに見えたのか、もっと具体的に書かなければ楽しそうにしている内容が第三者には伝わってきません。つまり、その場の状況──仲間との関わり、モノ（遊具）との関わり、保育士との応答、その場の雰囲気──と、その場面の前後の時間的経過の状況、Aちゃんの表情などが具体的に書かれていないと、楽しそうにしている事実がよくわからなくなってしまうのです。連絡帳にそう書かれていたとしたら、Aちゃんの保護者は物足りなさも感じるかもしれません。第三者に伝えたい内容を正しく理解してもらうためには「具体的に」書くことが非常にたいせつです。（例：「登園してからのAちゃんは、私とボールを転がして遊んでいたBちゃんをじっと見ていました。それから、Bちゃんのそばへ行きました。Bちゃんが、すっとAちゃんにボールを渡すと、3人で代わりばんこにボールを転がすあそびが始まりました。Aちゃんは、キャッキャッと声をあげて笑いながらこちらを見、楽しそうに部屋の中でしばらく遊んでいました。私もうれしくなってしまうほどでした。」）

❸記録の内容について考察しよう

　記録はできるだけ具体的に、その見た姿そのままに書く必要があります

が、もう一つたいせつなことがこの考察です。たとえば、先ほどのAちゃんのエピソードの記録の場合、「Aちゃんがお友だちに自分から近づいて行って、このように仲間とのあそびになったのははじめてでした。また、表情豊かにいっしょに遊べたことはうれしい限りです。Aちゃん自身が、保育園での生活に安心して通えるようになり、安定した日々があっての今日の日があるように感じました。お友だちへの興味・関心とともに、いっしょに遊びたいという気持ちが芽ばえたのだと思いました。また一つ大きく成長したんだと実感した場面でした」などと、自分が思い巡らし、考察したことも、場面の記録の後に記述しておくことが必要です。

2 保育の計画──全体的な計画と指導計画

　個人または集団の記録を継続して取り続けると、発達の姿がよく見えてきますし、一人ひとりの個性が相対的によく見えていきます。これを材料として発達の筋道を確かめたり、保育の計画を反省して練り直したりしていきます。保育の記録を基盤に、保育園全体の計画や各クラス・個人の計画が創り上げられ、日々の保育の記録によってそれがさらによりよいものになっていきます。計画ありきではないことは心に留めておく必要があるでしょう。

① 全体的な計画とは

　各保育園には、乳児期から就学前までの子どもたちを育てるための「全体的な計画」が作成されています。全体的な計画には、そこの保育園の保育の全体像が示されています。つまり、保育園の方針や目標にもとづいて、かつ、子どもの発達過程をふまえて、その保育園が生活の全体を通してどのように保育の内容を構成・展開し、子どもの保育をしているのかを示しているものです。それは、園によって方針や目標も違えば、地域の実態や保育時間、子どもや家庭の状況なども違うので、それぞれの園がたいせつにしているものが見えてくるマップのようなものでもあります。そして、この全体的な計画を基盤として、指導計画が作成されます。指導計画には、保育や子どもの実態に即した年間、期間または月、週、日の指導案

があります。指導計画の他に、保健計画や食育計画なども、この全体的な計画を基盤にして作成されます。

② 全体的な計画と指導計画の必要性

❶ 乳幼児の権利を尊重し、成長の見通しを確かめるために

乳幼児も心を持った一人の人間として尊重される必要があります。それはつまり、心身ともに健康に成長しているか、個々の子どもの月齢や年齢にふさわしい成長をしているかどうかを確かめるために、全体的な計画があり、指導計画があります。指導計画においては、とくに一人ひとりの生育歴や心身の発達、活動の実態に即して、個別的な計画を立てていきます。

❷ より充実した保育を実現するために
　　——計画（P）－実践（D）－記録（考察および振り返り）（C）－改善（A）

子どもを保育するとは、子どもが毎日充実した日々が送れるように、保育士が愛情を注ぎ、安心感と安定感の感じられる環境を整え、子どもとのやりとりを豊かにしていくことです。そして、子どもがのびのびとさまざまなことを体験し、他者への信頼感と自分への自信を深め、自分の世界を広げていけるようにしていくことです。この保育をよりよいものにするためにも、まず今の実態を的確につかむことがたいせつです。そのうえで、より充実した保育の実現のために計画（Plan）を立て、それを実践（Do）します。そして、記録を書いてその時の保育や子どもの姿、自分自身について考察したり、振り返りをしたりして評価（Check）し、元々立てていた計画を改善（Act）して、新たな計画を立てていくということを繰り返すことがたいせつです。これは、計画を絶対視するのではなく、子どもたちが予想とは違った活動を始めた場合は、それに対応したやりとりが必要であるということです。子どもたちの姿のとらえ方が違っていたのでしょうから、その振り返りを次の計画へと反映していけることになり、より子ども理解も深まる機会になります。また、子ども主体の保育をするうえでの計画の立て方自体を考える機会ともなります。

❸ 個々の子どもの発達過程に即した関わり・環境を考えるために

０・１・２歳児の場合は、個別の計画を立てることがたいせつです。そ

Chapter ❹ 保育の記録と計画

資料4-3　全体的な計画と指導計画

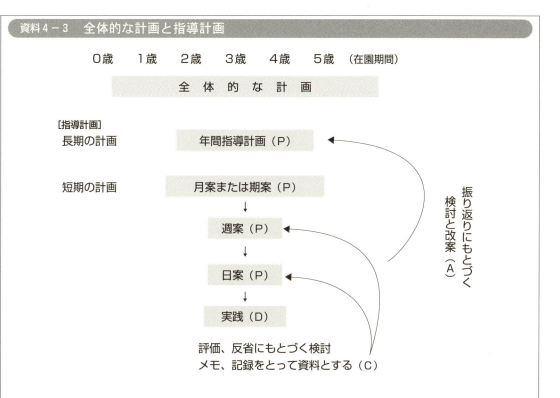

資料4-4　デイリープログラム

時間	0歳児	1歳児	2歳児
7：30	順次登園（同室でお受け入れ） →9時頃各クラスに移動		
9：30	おやつ（市販） 発達に合わせた遊び（ふれあい遊び・散歩等）	おやつ（市販） 外遊び（園庭、ベランダ、公園、散歩等） 室内遊び（探索、遊具、運動等）自分で選んだ遊び	おやつ（市販） 外遊び（園庭、公園、散歩等） 室内遊び（ごっこ遊び、遊具、運動、粘土、制作、楽器等）自分で選んだ遊び
11：15	個々の生活リズムに合わせて	少人数での給食 食事後個々に合わせてお昼寝	
11：30	睡眠・授乳・離乳食		給食 食事後個々に合わせてお昼寝
14：30	おやつ（手作り）	起きた子から自分で選んだ遊び	起きた子から自分で選んだ遊び
15：00		おやつ（手作り）	おやつ（手作り）
15：30	順次降園→17時頃から同室に移動		
18：30 19：00	延長保育（異年齢同室） おやつ（補食）		

リーゴ植田保育園（名古屋市）

れは、3歳以上児と比較して、個人差がかなりあるからです。心身の発達も小さくなればなるほど、一人ひとりかなり違います。その上、気質や今までの生育歴、家庭環境なども、保育士がどのように関わるといいのかということを考えるのには、非常に重要な要素になっていきます。

3 全体的な計画から指導計画へ

❶指導計画とは

　指導計画は、この全体的な計画にもとづいて具体的な保育が適切に展開されるように計画され、示されたものです。

　その期間は、年齢に応じて1年間（子どもの生活や発達を見通した長期的な指導計画案）、1ヵ月またはある一定期間（月案、または期案）、1週間（週案）、1日（日案）となっていて指導案が作成されているのが通例です。

❷全体的な計画と指導計画（年の指導計画、期案または月案）と週案、日案とのフィードバック関係

　指導計画は、保育実践のためにつくる見通しであり、仮説でもあります。そのために実践の中でとった記録によって日案を修正したり、日々の保育実践の反省にもとづいて週案、月案、期案を見直したり、修正したりします。そのようにして、指導計画はよりよく子どもたちの実態に合ったものになっていきます。生きた指導計画は、絶えず日々の保育の評価、反省から描き直され、創られていくものです。

4 指導計画を作成するときにたいせつなこと

❶「全体的な計画」を羅針盤にして

　全体的な計画の目的が羅針盤となって、育てる方向性を指し示すことになります。育てる方向とは、全体的な計画の目的である目指すべき子ども像をはっきりさせることです。たとえば、名古屋市のリーゴ植田保育園では、「たくましくしなやかな心と体で、様々なことに挑戦する子」「五感を

駆使し、自ら考え行動する、創造力の豊かな子」「自分と他者の違いを認め、互いの人格を尊重し思いやりの心をもてる子」「いのちと自然の尊さを知り、大切にする子」「社会の一員として、自ら考え行動する子」という5つの子ども像を掲げ、それを各年齢の年間指導計画につなげていっています。この具体的にはどうしたらいいか、という視点からていねいに見ることで、年齢ごとに保育でたいせつなポイントが見えてきます。

なお通常は、理想的な子ども像を全体的な計画の「目的」と表していますが、年間、月、週の指導計画では「目標」あるいは「ねらい」、日案では一日の「ねらい」と表記しています。

❷ 0・1・2歳の子どもの生活年齢と発達課題をふまえること

ケンネルは、出生直後の赤ちゃんがいかに親とのやりとりを、声・匂い・肌の触れ合いなどで活発に行なっているかを明らかにしました。トレバーセンも、間主観性（お互いの心が響き合うこと、相手の感じていることを感じられる能力）を多く体験して育っていく中で、子どもの心身の発達が促進されていくことを指摘しています。

人間の子どもは、生まれた直後は大人の養育に全面的に依存しています。そこで十分に愛され、たっぷりと養育される中で、劇的に発達していきます。二足歩行の確立、手によるさまざまなものの操作、初歩的なことばの獲得などを成し遂げていくのです。

子どもの月齢、年齢に沿って、この発達の筋道とそれぞれの特質を把握し、その時その時にふさわしい物的環境や、保育士の働きかけを考え、その方法を明らかにすることがたいせつです。たとえば、1ヵ月～2ヵ月の乳児に保育士の側から目を見て微笑んでやったり、あやしたり、語りかけを繰り返しながら世話をしているうちに、やがて3ヵ月頃には声を出して笑い、はしゃぐ姿が見られるようになります。「はしゃぐ」活動は、3ヵ月頃の子どもにとって発達の特質で、両親や保育士を中心とした人との関係を育てる基盤です。保育士にとっては、子どもの長期的発達を見通した3ヵ月時の発達課題です。年齢に応じた発達課題をたいせつな視点として、保育の方法を考えます。

❸ 子どもの実態を把握すること

計画を作成するのは、架空の子どもたちに対してではありません。保育

園での他の保育士や子どもたちと関わり、さまざまな経験をしてきている目の前にいる子どもたち、あるいは保育園に来る前に、数ヵ月あるいは1年2年、親やきょうだい、地域の人たちに囲まれながら育ってきたそれぞれに個性を持った子どもたちに対してです。どのような気質であるのか、何が得意で何が不得手なのか、どんな活動が大好きなのか、心身の発達がどのような状態なのか、親子ともに支援が必要なのかなど、一人ひとりそこまで育ってきた過程、そして、元々持っているものが違っています。まずはその実態の部分をしっかりと把握する必要があります。それを基盤に立ててこそ、計画が生かされていくものです。日々の保育日誌や個人記録、家庭との連絡帳を十分に活用して、指導計画を立てていきます。

❹家庭での生活とのつながりを考えること

　子どもの年齢が低いほど、大人がそれほどの変化と思わないものも、子どもにとっては非常に大きな変化です。生まれてから親と離れたことがなかった子どもにとっては、保育園に入ることは、親に見捨てられてしまったのかと思うほど、大きな不安をもたらしています。保育士がしっかりと関わり、親が毎日送り迎えしてくれる経験を繰り返す中で、この不安はなくなっていきます。いつも家で使っていたものを、急にすべて園のものにしてしまうことも急激な変化で、子どもにとっては脅威になってしまいます。いかに家庭での生活とのつながり、親と連携していくかを考えて保育を組み立てていくことがたいせつです。

❺一日の生活リズムと睡眠環境を整えること

　上記の家庭での生活とのつながりは、こちらの項目でも言えることです。子ども自身の理想的な一日の生活リズムはイメージとしてはありますが、夜寝るのがどうしても遅くなってしまう子どももいます。また、週末は、保育園の生活リズムとはまったく違うリズムで過ごすことはよくあることです。もちろんあまりにも過度に乱れている場合は、保護者とともにどのような形で、それを整えていけるかをいっしょに考えていきます。園においては、家庭での生活リズムに合わせながら、その子どもが落ち着いた生活ができるように、少しずつ整えていけるように考えて計画をしていきます。

❻保育内容の構造を考えること

 生活とあそび、行事といった活動の質の違いから、保育内容の構造を考えていくことができます。生活とは、人間としてよりよく健康に生きていくために習慣化する活動です。あそびは、子どもの生活活動の大部分を占めるもので、発達しつつあるさまざまな身体の機能を使って、活動そのものの中に、楽しみやおもしろさを追求する活動です。そして、保育においてはそれぞれの中に、教育的内容が含まれるようにくふうをしていきます。保育における教育的内容というのは、安心感・安定感を基盤に、人間の諸能力の芽ばえを育てる第一歩として、乳児の感覚（見る、聞く、触るなど）に働きかけるもので、さらに次の段階としては、好奇心や意欲をより広げるものです。行事は、日本の文化を伝承していくもので、それらを総合的に内容化したものです。これらの保育内容は、構造を考えて指導計画の中に配置していくようにします。

❼保育環境や生活空間を生かして

 保育環境や生活空間においては、第2章にもあるように、室内の温度、湿度、風通し、採光に留意し、乳児室の場合にはとくに、騒音を避ける場所であることが必要です。採光も、強い光を避けて間接照明によるやわらかい光を取り入れたり、床も年中子どもたちが素足で活動できるように、冬季には床暖房が取り入れられるなど、最近、ようやく保育園の乳児室の物的環境がきめ細かく改善されつつあります。また、0・1・2歳児ではとくに、保育園での生活が主になる子どもたちが多いため、家庭的な環境を空間としてもできるだけつくっていく必要があります。あそび・睡眠・食事が分けられて過ごせる空間づくりや、動線のくふうも必要です。指導計画の中に、子どもの健康との関わりで、配慮したり改善したりすることを文字で書き留めて、指導計画の目標に照らして考えることです。

❽職員の役割分担を決め、協力体制をとること

 0・1・2歳児のクラスの場合、職員はチーム体制で保育にあたることが多いです。また、保育士や職員が全員体制で子どもの生活を支えている園のほうが、子どもたちがいきいきと活動をしていることが多いように思います。指導計画においては、子どもの安全と保育の充実の視点から、お互いに役割分担をして、協力して保育に携われるようにしていけるといい

でしょう。

　ただ実際には、価値観や考え方の違う保育士が、意思の疎通を図り、率直に話し合い、長所を生かして協力し合って仕事をするということは思った以上にむずかしいことではあります。けれど、どの保育士も、子どもの幸せや健やかな成長を望んでいることから、子どもを真ん中にして、事例検討などで、相手の考え方を知っていったり、共通理解をしたりと学び合い、保育士集団自身が豊かな人間関係を創っていけるよう努めると、それは保育にも生かされていきます。

5　さまざまな指導計画

　指導計画は、各園によって内容、様式がさまざまです。また、それぞれの園においても、自分たちが使いやすいように、また保育に生きたものにするために、毎年少しずつ変化していったりもしています。たいせつなことは、子どもの自ら育とうとする力を時にはしっかりと関わり、時には見守りながら保育ができるように、という指導計画になっているかということです。くれぐれも計画ありきにならないようにしていきたいものです。
　資料4－5・6・7にあげた指導案（0歳児の月の個別指導計画、1歳児の月指導案、2歳児の年間指導計画）は、それぞれ各園が自分たちで話し合い、くふうしながら創り上げ、現在も絶えず見直しながら使っているものです。参考例としてあげました。

●引用・参考文献
- 鯨岡峻『保育のためのエピソード記述入門』ミネルヴァ書房、2007年、p.11
- 津守真『保育の体験と思索』大日本図書、1980年、p.9
- 今井和子『保育を変える記録の書き方　評価の仕方』ひとなる書房、2009年

●演習課題

- 実際に記録を書いてみよう。（1000字程度）
　公園や子育て支援センター、スーパーなどで乳幼児親子を見かけたら20分ほど観察をしてみよう。
　　（1）観察したシーンにタイトルをつけてみよう。
　　（2）観察したシーンを具体的に書いてみよう。
　　（3）（2）のエピソード記録の内容について考察してみよう。

資料4-5　0歳児　6月の指導計画

ねらい
- 梅雨期の衛生面や一人ひとりの体調に留意し、快適に過ごせるようにする。
- 保育者との安定したかかわりのなかで、興味のあるものに触れたり、体を動かしたりして遊ぶ。

保育の取り組み
- 一人ひとりの状態に合わせて離乳食を進める。
- 赤ちゃん体操やふれあい遊びなど、保育者とのかかわりを楽しむ。
- 一人ひとりの要求に合わせて、戸外に出て歩行や探索を楽しんだり気分転換をしたりする。
- 保育者の膝の上にすわり、絵本を読んでもらい楽しむ。

家庭との連携
- 気候により衣服が調節できるように、衣服や肌着、汗拭き用タオルを準備してもらう。
- 夏期にかかりやすい感染症や皮膚疾患について話し合い、症状が見られたら早めに受診してもらう。
- 個人懇談で保護者の話を丁寧に聞き、信頼関係を築いて子育ての楽しさが感じられるようにする。

評価の視点
- 一人ひとりの状態に合わせて、給食室とも連携し、離乳食が進められたか。

赤ちゃん体操や、わらべうたなどのふれあい遊びを取り入れ、子どもとかかわりをもって過ごすことができたか。
- 一人ひとりの要求に留意しながら戸外遊びを十分に楽しむことができたか。
- 年齢に合った絵本を楽しめたか。

健康安全
- 室温や湿度に留意し、気持ちよく過ごせるようにする。
- 汗を拭いたり沐浴を行ったりして清潔を保つ。
- 食品の衛生管理に気をつける。
- 遊びの行動範囲が広がるので、おもちゃの点検、部屋の配置、段差への配慮など、安全面について再確認する。

保育者等の連携
- 高月齢・低月齢グループの個々の対応について細かく伝え合い、連携できるようにする。
- 朝の受け入れの内容や、日々の様子を伝え合い、全員が把握し対応できるようにする。

環境の工夫
- くつろげる空間で、腹ばいや、ハイハイをして遊べるようにする。
- 低月齢児と高月齢児の遊びコーナーを分けてつくる。
- 手先を使った遊び、感触遊び、運動遊びができる環境をつくる。

	ひろと（6か月）	ゆか（12か月）
子どもの姿	●離乳食を始めた。はじめはつぶ入りのかゆから始めた。慣れると口に入れて飲み込んでいたが、口から出してもいたので、給食室と相談して、さらにスープ状にしてもらった。舌を出して吸い込もうとしていたので、スプーンを口に置いて待ってみると、口に含むことができるようになってきた。喜んでしっかり食べるようになってきた。家庭とも連携ができたので、慣れるのが早かった。 ●睡眠時間が安定し、一定時間しっかり眠っている。 ●手足を動かしたり、声を出して笑ったり、くり返しの言葉を喜んだりする。 ●寝返りができるようになったが、あまりしているところは見られない。	●保育者に抱かれていることが多かったが、少しずつ膝から離れて好きな遊びを見つけている。興味をもった遊びを始めたときに、「ひもが出てきたね」などと声をかけると、保育者を見て笑っていた。戸外遊びで砂をつかんだときや、ハトを見つけたときなど発見があると、保育者のほうを見て共感してもらおうとしている。 ●体調を崩すことが多いので、体調の変化に気をつけた。機嫌が悪い日もあったが、家庭と連携しながら様子を見ていくうちにだんだんと元気に過ごせるようになった。 ●口を開けてよく食べるようになったので、後期食から完了食に移行した。
ねらい	●一定量の離乳食を食べる。 ●寝返りをうち、腹ばいになって遊ぶ。 ●あやされることを喜び、喃語を発する。	●楽しい雰囲気のなかで、保育者に言葉をかけてもらいながら、よく咀嚼をして食べる。 ●好きな遊びを見つけて保育者と一緒に楽しむ。
保育者の配慮事項	●子どもの口の動きや状態をよく見ながら、離乳食を進める（給食室と連携して、離乳食の調理の方法を工夫してもらう。自分で食事を取り込めるよう、介助の仕方を工夫する。楽しい雰囲気をつくる）。 ●握りやすい音の出るおもちゃを用意し、子どもが腕を伸ばして取ろうとすることで寝返りをうつよう促す。 ●喃語を十分に受けとめ、豊かな言葉で返したり、状況に合った言葉に置き換えたりする。 ●赤ちゃん体操や、あやし遊びなどで十分にかかわりをもつ。	●「もぐもぐ…」などと声をかけたり、口を動かして見せたりすることで、咀嚼を促していく。 ●子どもが持つスプーンと、保育者が介助するためのスプーンの2種類を準備する。 ●体調を見たり、食べている様子を見たりしながら、給食室と連携して、食事の形態を工夫する。 ●遊びのなかでの子どもの発見や喜び、葛藤する気持ちに寄り添い、共感する。豊かな言葉を添える。

あけぼの保育園（京都市）
出所：今井和子『育ちの理解と指導計画』小学館、2014年、p.68

資料4-6　1歳児　11月の指導計画

前月末の子どもの姿	○朝夕の気温差により、体調を崩す子もいた。 ○戸外でからだを動かしてあそぶことを楽しんでいた。 ○尿意を伝えてトイレで排尿する子もいるが、誘っても「でない」「イヤ」と言って嫌がる子もいた。	月のねらい	○一人ひとりの体調に留意しながら、薄着で健康に過ごせるようにする。 ○戸外あそび、散歩を通して、自然やまわりのことに関心をもち、楽しくあそぶ。 ○身のまわりのことに興味をもって自分でしようとする。
	内容（生活とあそび）		環境構成　配慮
低月齢児　おおむね1歳7か月〜	○保育士の言葉かけによりオマルやトイレで排尿したり、布パンツで過ごす。 ○パンツやズボンを自分で脱いだりはいたりしようとする。 ○自然にふれ、散歩や戸外あそびを楽しむ。 ○友だちや保育士と「かして」「どうも」などの簡単なやりとりをしながらかかわってあそぶ。 ○絵本や紙芝居を見たり、読んでもらうことを喜ぶ。		○一人ひとりの排尿感覚をつかみ、オマルやトイレに誘う。失敗しても温かく受け止め対処する。 ○自分でしようとしている気持ちを受けとめながら、さりげなく援助し「できた」という自信につなげていく。 ○子どもの健康状態に留意しながら、天気によい日は戸外で遊ぶ機会を多くし元気に過ごせるようにする。 ○保育士が仲立ちとなりながら、少しずつ友だち同士でかかわってあそべるようにする。
高月齢児　おおむね2歳〜	○尿意を感じて伝えたり、保育士のことばがけでトイレに行き排尿する。 ○衣服の着脱に興味をもち、ボタンやスナップをはずしたり、かけようとしたりする。 ○散歩や戸外あそびを通して、自然にふれたり全身を動かすことを楽しむ。 ○簡単なことばや身振りで自分の要求を相手に伝えようとする。 ○なぐり描きやひも通しなど、指先を使ったあそびを楽しむ。		○自己主張が強くなったり、寒くなってきたことで排泄の失敗が多くなることもあるが、無理強いせず進めていく。 ○自分でしようとしているようすを見守りながら、できない部分の援助をさりげなく行う。 ○身近な自然にふれる機会を多くしたり、危険のないように留意しながら一緒にあそぶ。 ○伝えようとする気持ちを受けとめ、共感しながら応答していく。 ○子どもが自分でやろうとする思いを大切にしながら、ときには保育士もやってみせ、一緒に楽しんであそぶようにする。
食育	○スプーンや手づかみで積極的に自分で食べる。 ○よくかんで食べる。 ○絵本や紙芝居を通して身近な食べ物に関心をもつ。		○スプーンの使い方などは発達に差があるので、一人ひとりの状況に合わせて持ち方を知らせたり援助する。 ○「モグモグだよ」など、そしゃくをうながすようなことばがけをする。 ○子どもの興味や発見に共感したり、給食の身近な食材についても知らせていく。
保育士の共通理解	○「自分で」という気持ちが出てくることによって時間がかかることも予想されるが、子どもの気持ちによりそってかかわるように確認し合う。 ○一人ひとりの子どもに対して共通した対応ができるよう、ケース会議でも連絡を取り合い連携をもつ。	子育て支援	○園の行事（演劇鑑賞会）に保護者や地域の親子の参加を呼び掛け、一緒に楽しみ交流できるようにする。 ○保護者懇談会においては、子どものようすを伝え合うとともに保護者同士の交流の場となるよう配慮する。

健康・安全の配慮	○一人ひとりの健康状態を把握し、気温や活動に合わせ衣服の調節を行う。 ○園庭や遊具の点検・整備をして安全にあそべるようにする。 ○鼻汁が出たら拭いてあげたり、自分で拭こうとするときはさりげなく援助する。	家庭との連携	○体調の変化を保護者と伝え合いながら健康管理をしていく。 ○活動や体調に合わせて調節できるような衣服での登園をお願いする。 ○歯科検診の結果を保護者に伝え、治療が必要な場合は受診を勧める。	行事	○保護者懇談会 ○誕生会 ○避難訓練 ○歯科健診 ○演劇鑑賞会

	Iちゃん(1歳7か月)	Dちゃん(2歳3か月)
子どもの姿	○偏食がほとんどなく、スプーンを使ったり手づかみで積極的に食べる。 ○保育士のことばがけでオマルに座り、タイミングが合うと排尿することもある。 ○保育士に援助されながらも、パンツやズボンを自分ではこうとする。 ○保育士と「ちょうだい」「どうも」と簡単なやりとりをしてあそぶ。	○好きなものは意欲的に食べるが、苦手なものがあると口から出したりしてあそびだす。 ○一定時間、布パンツで過ごす。保育士のことばがけでトイレで排尿するが、失敗しても知らせずにあそんでいる。 ○保育士や友だちと簡単な会話を楽しむ。
保育士のかかわり	○自分で食べているときは見守り、「おいしいね」とことばがけして自分で食べようとする気持ちを大切にする。 ○オマルで排尿できたときはほめ、オマルでの排泄に慣れるようにする。 ○自分で着ようとするのを励ましたり、ほめたりしながら必要に応じて援助していく。 ○徐々に友だちとかかわってあそべるよう保育士が仲立ちとなりながら一緒にあそぶ。	○苦手なものも「おいしいよ」と励ましながら食べてみようとする気持ちを引き出す。 ○一口でも食べることができたら、おおいにほめて自信につなげる。 ○トイレでの排尿に失敗したときは「おしっこ出たら教えてね」などとことばがけしながら、速やかに始末し、気持ちよさを知らせる。 ○保育士も一緒にあそびながら友だちとのかかわりを見守る。叩いたり押したりする場合は、思いを受けとめながら相手の気持ちも伝え、してはいけないことを知らせていく。
家庭と一緒に	○送迎時を利用して保育園や家庭での生活のようす・健康状態を伝え合う。 ○タイミングが合うとオマルで排尿したり、自分でズボンやパンツを着脱しようという気持ちが芽生えてきたことなどを伝え合い、成長を喜び合う。	○失敗もみられるが、布パンツで過ごせるようになったことを喜び合う。 ○送迎時を利用して、保育園や家庭での食事のようすを伝え合う。
子どもの評価	○自分でしようという気持ちを大切に受けとめはたらきかけることができたか。 ○保育士の援助により友だちとのかかわりを楽しむことができたか。	○苦手なものを食べてみようと思えるようなはたらきかけができたか。 ○友だちとけんかになった場合、お互いの気持ちを受けとめながら適切に対応することができたか。
評価・反省の視点	○身のまわりのことを自分でしようとする気持ちを引きだすことができたか。 ○気温や一人ひとりの体調に留意しながら、戸外あそびや散歩を楽しませることができたか。 ○保育士間で連携をとり合い、共通した対応ができたか。	

弘前市保育研究会自主グループ
出所:『保育の友増刊号「私たちの指導計画2010 0・1・2歳児」』全国社会福祉協議会、pp.72-73

資料4－7　2歳児　年間指導計画

年間の願う姿	・保育士と一緒に、心身共に健康に過ごせる子	
期	Ⅰ期（4月～5月）	Ⅱ期（6月～8月）
ねらい	・新しい環境の慣れ、保育士との信頼関係の下、安心して過ごす。 ・春の自然に触れながら、好きな遊びを楽しむ。	・保育士に援助されながら、簡単な身の回りのことを自分でしようとする。 ・保育士に見守られながら、友達と一緒に夏の遊びを楽しむ。

教育の内容	養護	生命の保持	・心身の機能の未熟さをふまえ、適切な判断に基づく保健的な対応をする。 ・一人一人の子どもの成育歴や家庭環境、発達の違いに配慮し、応答的な関わりの下で信頼 ・職員間の連携を図り、保護者との信頼関係を築きながら保育を進めると共に育児支援に努 ・感染症等疾病については、嘱託医と連携を取り、適切な判断に基づく保健的な対応に心掛	
		情緒の安定	・生活に必要な基本的な習慣は、子どもが自分でしようとする気持ちを尊重し、一人一人に ・保護者の思いを尊重しながら、「共に育てる」という基本姿勢の下で家庭との連携を密にす ・子どもの自我の育ちを見守り、その気持ちを受け止めると共に保育士が仲立ちとなって友	
	健康・人間関係・環境・言葉・表現		・新しい環境に慣れ、生活の仕方が徐々にわかるようになる。 ・楽しい雰囲気の中で食事をする。 ・保育士と一緒にトイレへ行き、見守られながら安心して排泄しようとする。 ・保育士の傍で安心して眠る。 ・気に入った玩具や遊具で、保育士や友達と一緒に遊ぶ。 ・春の身近な自然に触れる。 ・自分の気持ちをしぐさや言葉で伝えようとする。 ・日常の簡単な挨拶や返事をしようとする。 ・保育士と一緒に、季節の歌や手遊びを楽しむ。 ・絵本や紙芝居を見て楽しむ。	・簡単な衣服の着脱を自分でしようとする。 ・楽しい雰囲気の中で食事をし、食具を使って食べようとする。 ・体を動かして遊ぶことを楽しむ。 ・保育士や玩具・遊具を仲立ちとして、友達と関わることを楽しむ。 ・水・砂・土に触れて遊ぶ。 ・プール遊びや夏ならではの遊びを十分に楽しむ。 ・夏の身近な自然に触れる。 ・絵本や遊びを通して、言葉の模倣や繰り返しを楽しむ。 ・保育士や友達と一緒に見立て・つもり遊びを楽しむ。 ・様々な素材や用具に触れて遊ぶ。
環境・援助			・一人一人の気持ちを十分に受け止め、信頼関係を築きながら、安心して過ごせるようにする。 ・気持ちのいい季節の中で、自然の空気を感じ草花に触れて遊ぶ機会を持つ。 ・一緒に遊びながら、玩具や遊具の使い方を知らせていく。	・梅雨期～夏期を快適に過ごせるように、風通しや室温に配慮し、水分補給や休息を十分にとれるようにする。 ・戸外では日陰を作るなどし、楽しく健康的に遊べるようにする。 ・室内外の安全点検を行い、プール遊びなど危険のないよう見守る。

年間目標	養護 ・保健的で安全な環境を整え、快適に過ごせるようにする。 ・安心できる保育士との関係の中で、一人一人の子どもの依存欲求を十分満たし、情緒の安定を図ると共に自発的な活動を促す。 教育 ・身の回りのことができたという喜びを感じたり、保育士の仲立ちにより友達との触れ合いを楽しむ。	
	Ⅲ期 （9月〜12月）	Ⅳ期 （1月〜3月）
	・秋の自然に触れながら、十分に体を動かして遊ぶ。 ・様々な行事に興味を示し、楽しんで参加することができる。 ・音楽を聴いて体を動かしたり表現したりすることを楽しむ。	・進級への期待を膨らませながら、身の回りのことを自分でできる喜びを持つ。 ・ごっこ遊びや簡単なルールのある集団遊びを通して友達と遊ぶ楽しさを味わう。

関係作りに努める。
める。
ける。

合わせて丁寧に援助していく。
る。
達の気持ちや関わり方を丁寧に伝えていく。

・衣服の着脱を自分で行い、援助されながら、たたみ方やボタンの留め外しをしようとする。 ・楽しい雰囲気の中で、食器を持って食べる。 ・保育士に誘われトイレで排泄したり、自分からトイレに行こうとする。 ・保育士や友達と戸外で全身を動かして、活動的な遊びを十分楽しむ。 ・運動会やクリスマス会などの行事に、保育士や友達と一緒に楽しく参加する。 ・秋の自然物を見たり集めたり、使ったりして遊ぶ。 ・絵本・紙芝居を通して、いろいろな言葉に触れ、言葉を豊かにする。 ・曲に合わせて体を動かすことを楽しむ。 ・好きな話のイメージを共有し、表現することを楽しむ。	・身の回りのことを保育士に援助してもらいながらする。 ・排泄がほぼ自立し、尿意や便意を伝えたり、自分からトイレに行こうとする。 ・戸外で十分体を動かして遊ぶ。 ・行事を通して異年齢児との関わり、進級することを楽しみにする。 ・簡単な集団遊びを保育士や友達と楽しむ。 ・簡単な決まりや約束がわかり、友達と楽しく遊ぶ。 ・冬の自然事象に興味を持ち触れて遊ぶ。 ・自分の経験したことを保育士や友だちに伝えようとする。 ・ごっこ遊びを通して言葉のやり取りを楽しむ。 ・様々な素材や用具を使って作ることを楽しむ。
・気温や体調に合わせて衣服調節し、快適に過ごせるようにする。 ・秋の自然に興味が持てるよう環境を工夫する。 ・行事は、子ども達が親しみやすく楽しいと思えるように工夫する。 ・運動遊びへの意欲を大切にしながら、安全に遊べるよう配慮していく。	・基本的生活習慣を見直し、個人差を考慮しながら、自立への意欲や自信を持たせる。 ・異年齢児との関わりを増やし、憧れやいたわりの気持ちを育む。 ・子どもの言動に心配りをし、内面の心の働きを察した働きかけで、安心して過ごせる環境を整える。

各務原市立中屋保育所（岐阜県）

第5章 乳児保育と子どもの発達・親としての発達

　保育所保育指針には、保育所の役割として「入所する子どもを保育するとともに、家庭や地域の様々な社会資源との連携を図りながら、入所する子どもの保護者に対する支援及び地域の子育て家庭に対する支援等を行う」と謳われています。きょうだい数が少なくなった現在、多くの乳児保育児の親たちは、同時に親としてもわが子とともに歩み始めたばかりの人たちなのです。この章では、子どもの発達と、親としての成長・発達に対して、保育所がどのような役割を果たしているのか、果たすことができるのか考えていきましょう。

1　3歳までは母の手で？

　乳児保育において、重要な論点のひとつは、「子どもは3歳頃までは、家庭で母親が育てるべき」という乳児保育そのものについての否定的な考え方です。2万人余りの成人を対象にした内閣府による調査でも、このような意見は、約6割の人がもっています（**資料5-1**）。事実、子どもが生まれると母親はいったん仕事をやめ、幼児期になると再開するという働き方をする人が多かったのです（**資料5-2**）。

　このような意見の学問的根拠として、長い間あげられてきたのが「ボウルビー学説」です（**資料5-3**）。そこでは、「生後3年間の母子関係の長期的断絶は子どもの情緒的発達に大きな悪影響を及ぼす」と述べられています。「乳児保育は母子関係の長期的断絶にあたるのではないか」と考えられたわけです。この学説は第二次世界大戦前後の施設に収容された子どもたちの状況の調査を根拠に述べられたものです。しかし、その後の70年以上の社会的状況や子どもの変化を詳細に調べた多くの研究では、そのような結果の解釈が否定され、今ではこの説は少なくとも認可された保育所や

Chapter ❺ 乳児保育と子どもの発達・親としての発達

資料5−1　「子どもが小さいうちは母親は外で働かない方がよい」

そう思う	ややそう思う	あまりそう思わない	そう思わない
16.7%	46.9%	27.3%	9.1%

出所：内閣府「地域における女性の活躍に関する意識調査」（2015年6月）より作成

資料5−2　3歳以下の子どもをもつ母親の就業率

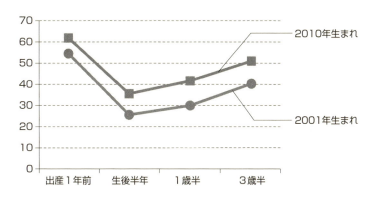

出所：厚生労働省『21世紀出生児縦断調査（平成13年出生児、平成22年出生児）』より作成

資料5−3　ボウルビー学説

　「生後3年間における"母子関係"の長期的断絶は幼児の性格に大きな影響を及ぼす。臨床的に観察すると、これらの子どもたちは情緒面において退行的で孤立している。彼らは他の子どもや成人とのリビドー的結びつきが困難であるため、友情と名付けられるような交わりができない。彼らも表面的には社会性があるように見える場合もあるが、よく検討すれば、その人間関係には真の意味での感情が含まれておらず、深さがない。まるで硬い殻の中に閉じこもっている貝のようである。親や学校の教師は、これらの子どもを別段気にしていないようであるが、一度試みに、これらの子どもたちをなぐってみれば、普通の子どもと、どれほど異なっているかがわかるであろう。彼らは少ししか泣かないし、このような逆境に対して情緒的反応を示さない。状態のいかんは、これらの失われた魂にとって本質的に意味がないようである。彼らにとっては真の情緒的人間関係は不可能であるため、ある事態における人間関係の良し悪しは意味がない。最近数年間に私は無感動型の悪質盗癖児を取扱ったが、彼らの中で長期的母子関係の断絶を経験しなかった者は2名にすぎなかった。他の者はすべて強度の母子関係の断絶を生後3年間に経験し、そして悪質な盗癖児になっていた。

出所：ボウルビー（著）、黒田実郎（訳）『乳幼児の精神衛生』岩崎学術出版、1967年、p.25

施設の経験についてはあてはまらないとされています。長い間ボウルビー学説を根拠にして乳児保育に抑制的だった厚生省自身が「3歳児神話には合理的根拠がない（平成10年度厚生白書）」とするようにさえなりました。

　このような考え方の変換をもたらした背景として、「子育てを家庭や母親だけに押しつけていては、少子化にストップがかからない」という行政側の危機感およびこれまで積み上げられてきた乳児保育の成果があげられます。

　この10年間で3歳以下の子どもをもつ母親の就労率は、増加しています（**資料5-2**）。今や1歳代の子どもをもちながら働いている母親は4割にのぼり、3歳代では半数以上になっているのです。このように広がってきた乳児保育が、実際に子どもの発達、親子の絆に与える影響を、まず科学的な根拠をあげながら見てみましょう。

2 子どもの発達と乳児保育

① ボウルビー学説のその後

　先に述べたように、ボウルビーは第二次世界大戦前後の施設児を中心に研究を行ないました。その条件は現代では考えられないほど劣悪（たとえば15～20人の0歳児を1人の看護師が面倒をみる）でした。子どもたちは、おとなとの関わりをほとんどもてなかったのです。そこでおとなの比率を高めたり保育内容や施設の改善を行なってゆくと、子どもの発達上の問題は軽減していくことがその後の研究で明らかになっていきました。
　しかし、ボウルビーの指摘した「子どもの健やかな発達には、とくに初期のおとなとの親密なかかわりが必要である」という点は保育所・家庭・施設を問わず重要なものでしょう。

② 子どもの発達と保育経験

　乳幼児期の保育経験が子どもの発達にどのような効果をもたらすのか（保育効果）という点についての全体像をみるため、網野武博らは約140の研究を調べ、乳幼児の発達を調べてみたところ、昔の研究を除けば保育所保育を受けた子どもは家庭だけで育った子どもたちと同様またはそれ以上の発達状態にあることがわかりました（**資料5-4**）。
　また、「0歳児期から保育所に通うと母親への愛着がうまく築けないのではないか」という疑問に答える研究があります。子どもの保育所入所の時期別に、安定した愛着の型（母親を「大好きな人」として、その人がいると安心して遊びまわれるが、不安な場面ではその人のもとに行って落ち着きを取り戻せる）の子どもの比率を比べてみると、もっとも安定型が多いのは5ヵ月以前に保育所に行き始めた子ども、次いで5～12ヵ月、家庭でずっと育てた子どもの順になっています。少なくとも家庭児に比べ、保育所に行っている乳児の母親への愛着が不安定になるということは言えないようです（**資料5-5**）。

③ 保育の「質」の重要性

　アメリカでは保育の全米的な基準がなく、多様な条件で保育が行なわれています。また、家庭の経済格差は日本以上に大きく、そのような背景のもと、「保育条件と子どもの発達」について多くの研究がなされてきました。
　その中でもNICHD（国立小児保健・人間発達研究所）による研究は、地域・人種・環境条件の偏りのないように選ばれた千人余りの子どもたちの発達を縦断的に研究するという大規模なものです。これによると、次のようなことがわかってきました。

＊乳児期に家庭で育った子どもと家庭外の保育を受けていた子どもとの間で、全体としてはその後の母親への愛着の違いは見られなかった。
＊しかし、それぞれの保育の質が高いほうが認知発達や社会性によい結果をもたらした（**資料5-6**）。
＊長時間の保育を受けた子どもは、問題行動の指摘がやや多かった（日本の研究では同様の結果は出ていない（安梅2004））。

　また、1962年に開始されたペリー・プレスクール研究では、家庭環境が悪い子どもたちを対象に質の高い就学前保育が行なわれました。その結果就学前保育にはプラスの効果があり、それは10年以上にわたって継続したことが確認されています。この保育を受けた子どもは、家庭保育のみの子どもに比べ、19歳の時点での学力が高く、経済的に自立していける比率が高かったのです（**資料5-7**）。
　このように、「保育の質」が子どもの発達に影響をするということがわかってきました。そのメカニズムについて、ハーバンとホウズは、それまでの欧米の研究をもとに、**資料5-8**のように保育の質を3つの側面に分けそれぞれのポイントをあげています。まず直接子どもに影響する「質」としてとりあげられるのは、保育者と一人ひとりの子どもとのやりとりで、それがあたたかく、子どもの思いに応えるように行なわれることがたいせつです（「プロセスの質」）。そして、それを可能にするのが「条件の質」——保育者と子どもとの比率、保育者がどの程度保育について学んできた

Chapter 5 乳児保育と子どもの発達・親としての発達

資料5-4　乳幼児期からの保育の子どもの発達への影響

類型別検索文献状況一覧　保育の影響をプラス＝○、マイナス＝×、どちらともいえない＝△として判定。

アタッチメント研究的アプローチ	初期の研究では×も見られたが、全体として△が多い。近年では、保育者とのアタッチメントが安定していれば○との報告も見られる。
縦断研究的アプローチ	△が多い。
認知発達的アプローチ	×は非常に少なく、○が比較的多い（ただし長期的には△のものが多い）。とくに教育的介入計画に基づく研究ではほぼ全て○。
行動発達的アプローチ	初期の研究に×が数件見られるが、特に最近の研究では△が多い。○は保育の質が高い場合という条件のもとで多い（保育経験の有無が○というものは非常に少ない。）。
総合分析的アプローチ	△が多い。

出所：網野武博「保育が子どもの発達に及ぼす影響に関する研究　平成13年度厚生科学研究1：保育効果に関する縦断的研究」

資料5-5　母親の仕事復帰時期と子どもの母親への愛着「安定型」の比率（12ヵ月時）

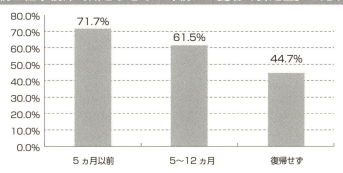

出所：Harrison, Linda J. & Ungerer, Judy A. (2002). Maternal employment and infant-mother attachment security at 12 months postpartum. *Developmental Psychology*, 38(5), 758-773.

資料5-6　子どもたちが受けた保育の質と就学前の学力

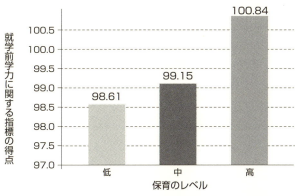

注：参加した子どもたちの平均得点は100点で、標準偏差は15だった
出所：日本赤ちゃん学会『保育の質と子どもの発達』赤ちゃんとママ社、2013年、p.28

か、現在研修しているか——です。さらにこれらを保障するものとして「労働環境の質」——保育者の賃金や仕事への満足度、運営参加——などが間接的に影響するというのです。

④「規制緩和」下での「保育の質」低下の懸念

「乳児保育はコストがかかる」という批判に対して、ある経済学者の試算があります（**資料5-9**）。乳児保育、とりわけ質の高い保育には前記のようなポイントを考えるとたしかにお金がかかりますが、その結果、学力のある健やかな青年・成人が育っていき、社会が受ける恩恵も多く、保育にかけた費用に対し社会が受け取った効果は約6倍になるというのです。

この研究で対象になったのは、アメリカの貧困家庭の子どもたちで半数ぐらいが高校を休学したり留年したりするという、日本の平均的な環境とはかけ離れているので、数字はそのまま適用できるわけではありません。しかし、「発達初期の保育の質を上げると、子どもの健やかな発達を保障し、その子どもたちが大きくなってゆくゆくは豊かな社会に貢献できる」ということがいえそうです。

このようなことを押さえたうえで、今の日本の保育が向かっている方向を考えてみましょう。現在深刻な待機児童問題を機に「保育の量を増やすという理由で、保育の質を下げる」という傾向があることは否めません。たとえば「保育環境の悪い施設も認める」「保育士有資格者の比率を引き下げる」「保育者の賃金を安く抑える」、それによって「保育者の定着率の低さを招く」などです。このようなことは、子どもにとっての保育所の毎日が楽しくて充実したものにならないのはもとより、「税金の有効活用」という点からも、子どもたちがおとなになっていくまでの長いスパンで考えれば、逆効果といえましょう。「規制緩和」の名のもとに、保育条件を引き下げるのではなく、公的保育の充実こそが望まれます。

資料5-7　ペリー就学前プロジェクトの効果

教育的効果

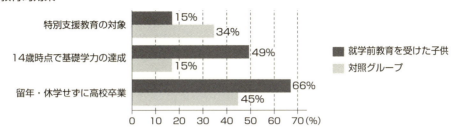

40歳時点での経済効果

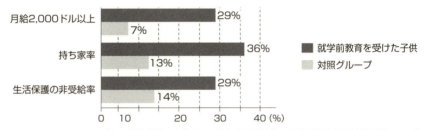

出所：J・J・ヘックマン（著）、大竹文雄・古草秀子（訳）『幼児教育の経済学』東洋経済新報社、2015年、p.30

資料5-8　保育の質の定義と測定

	プロセスの質 Process Quality	条件の質 Structural Quality	労働環境の質 Adult Work Environmental Quality
質にかかわる要素	①子どもと保育者の相互作用（とくに保育者の感受性、やさしさ、愛情、子どもへの積極的かかわり） ②保育者の子どもへの態度 ③学習活動の取り入れ ④保育環境の健康、安全面 ⑤施設、設備、素材など環境の適切性	①グループの子ども人数 ②大人と子どもの比率（受け持ち人数） ③保育者の保育経験 ④保育者の学歴 ⑤保育に関する専門的訓練・研修	①保育者の賃金と福利厚生 ②保育者の1年間の退職率 ③保育者の仕事への満足度 ④保育者の運営参加 ⑤仕事上のストレスの意識度

出所：大宮勇雄『保育の質を高める』ひとなる書房、2006年、p.68

資料5-9　子ども一人あたりの保育費用と保育がもたらす社会的利益

社会が受け取る利益
　　特殊教育経費の節約　　　　7,005
　　治安・裁判費用の節約　　　4,252
　　福祉関係費の節約　　　　 22,490
　　生涯所得増による税収増　　6,495
　　高等教育経費の増加　　　　 −964
　　合計　　　　　　　　　　 39,278
1年間の保育費用　　　　　　　6,500
費用に対する社会的利益の比　6.04倍　　単位ドル、1985年ベース

出所：大宮勇雄『保育の質を高める』ひとなる書房、2006年、p.145

3 親としての発達に関連する要因

① 子どもと関わる時間

　父・母となったふたりはどのように育児をしているのでしょうか。**資料5-10**でわかるように育児をする夫の比率は低く、多くは妻まかせになっており、これは、国際比較でみても日本の特異な状況です（**資料5-11**）

　資料5-12は、30代後半から40代前半のカップルを対象にした帰宅時刻調査の結果です。夫の帰宅時刻を、「夕食に間に合う19時ごろ以前」というポイントで見てみるとフランスでは約50％、スウェーデンでは約76％であるのに対し、日本では約23％となっており、もっとも多いのは「20時以降帰宅」です。父親が家族の食事の時間にも、子どもが眠りにつく時間にもいない家庭が多いのです。

② 母親の育児ストレス

　全国の約2万人以上の父母を対象にした村山らの調査では、「子育てが楽しいと思うことがある（「よくある」「時々ある」の合計）のは母親の約96％です。しかし同時に、多くの人が子どもに対してイライラや叩きたくなるなどの否定的感情も感じているのです（**資料5-13**）。子育ては楽しいけれどイライラするという相反する感情を同時に含んだ営みです。

　これまでの研究ではストレスや子育て不安を感じる人の割合は、無職（専業主婦）のほうが共働きの母親より高い結果を示しています（**資料5-14**）。これには、育児以外の「自分のやりたいこと」や人と関わることの少なさなど、さまざまな要因が指摘されています。

　また「産後うつ」は、母親の5〜10％に見られるうつ症状です。ホルモンバランスの変調や、慣れない育児へのストレス・疲労、睡眠不足などからくるうつ症状ですが、まわりの支えがないとより長期間化・重症化するおそれがあります。

Chapter ❺ 乳児保育と子どもの発達・親としての発達

資料5-10　行動の種類（育児）別総平均時間（週全体、夫婦と子供の世帯（末子が6歳未満）の夫・妻）

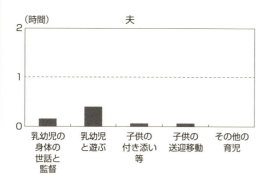
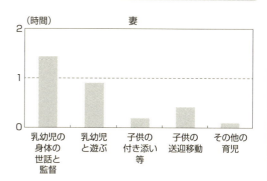

注：「その他の育児」は、「乳幼児の介護・看護」、「子供（乳幼児以外）の教育」及び「子供（乳幼児以外）と遊ぶ」の数値を合わせたもの
出所：総務省『平成23年社会生活基本調査詳細行動分類による生活時間に関する結果要約』（2012年12月21日）

資料5-11　6歳未満の子供を持つ夫婦の家事・育児関連時間（1日あたり・国際比較）

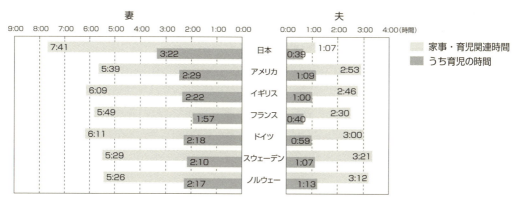

備考　1．Eurostat "How Europeans Spend Their Time Everyday Life of Women and Men" (2004)、Bureau of Labor Statistics of the U.S. "American Time Use Survey" (2015) 及び総務省「社会生活基本調査」(2011（平成23）年) より作成。
　　　2．日本の数値は、「夫婦と子供の世帯」に限定した夫と妻の1日当たりの「家事」、「介護・看護」、「育児」及び「買い物」の合計時間（週全体）である。
資料：内閣府資料　出所：総務省HP

資料5-12　3都市でみた男性の帰宅時間

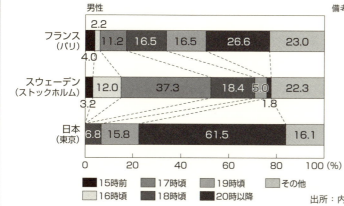

備考1．以下のデータより作成
　　　フランス、東京：内閣府経済社会総合研究所編「フランスとドイツ家庭生活調査」（平成17年）スウェーデン：内閣府経済社会総合研究所編「スウェーデン家庭生活調査」（平成16年）
　　2．東京は1999年、ストックホルムは2003年、パリは2004年のデータ。
　　3．35歳から44歳までのカップル（東京については妻が35歳から44歳）を対象に調査。
　　4．東京の調査では、帰宅時間の選択を「18時前、18時頃」からにしたため、それより早く帰宅している者の内訳は不明。

出所：内閣府『平成19年 男女共同参画白書』2007年

③ 育児経験と育児への意識

「親は最初から親だったわけではない。子どもと関わることによって親になるのだ」とよく言われてきました。原田の調査（2006年）では、「育児に自信がないことがありますか？」の質問に対して「よくある」と答えているグループには、育児経験がなかった人が多くなっています（資料5-15）。親になる前の育児経験がたいせつだと言えましょう。

④ 子どもの個性と親の育児への自信

これまでは「子どもの性格はお母さん次第」など、母親の養育態度が子どもに影響を与えることが強調されてきました。もちろんそのことは重要ですが、同時に「子どもが親に与える影響」というものも考える必要があります。

近年、子どもにも出生直後からさまざまな行動特性や傾向に個人差があり、それがある程度の期間にわたって持続し、親の養育態度・意識、親子関係に影響を与えることがわかってきました。

子どもの特徴として0歳児期から明らかになるのは、「気質」です。

トマスとチェスは大勢の乳児を観察し、母親にインタビューして次のような子どもの3つの気質タイプ（資料5-16）を見出しました。

1つ目は「楽な子（easy child）」です。機嫌がよいことが多く、食べたり眠ったりという生物的リズムが規則的で、新しい刺激（見慣れぬ人や新しい環境・おもちゃなど）に積極的に対応し、すぐ慣れるタイプです。

2つ目はこれとは逆の「難しい子（difficult child）」です。機嫌が悪いことが多く、生物的リズムが不規則で、新しい刺激には避けようとし慣れるのに時間がかかるタイプです。

3つ目は「出だしの遅い子（slow to warm up）」です。新しい刺激に対しては避けようとし慣れるのも遅いが、生物的リズムは規則的で機嫌も悪くないはずかしがりのタイプです。

トマスらの研究では、「楽な子」が40％、「難しい子」が10％くらい見出されました。日本の研究では出現率は研究によってさまざまですが、上記のタイプがあること自体は確認されています。

Chapter ❺ 乳児保育と子どもの発達・親としての発達

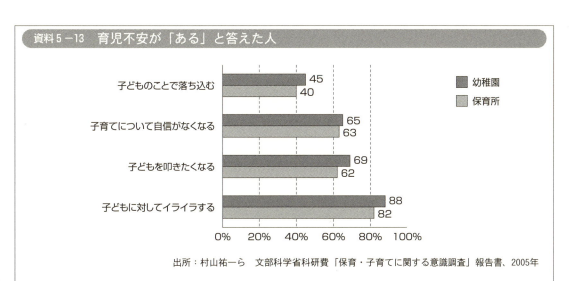

資料5-13 育児不安が「ある」と答えた人

出所：村山祐一ら 文部科学省科研費「保育・子育てに関する意識調査」報告書、2005年

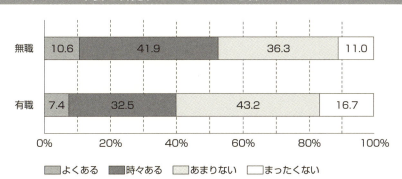

資料5-14 ストレスや不安を自覚することがあると答えた人（母親有職・無職別）

出所：同上

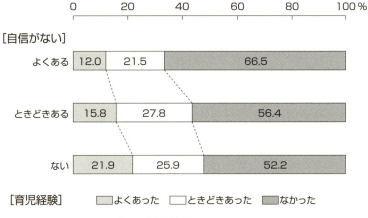

資料5-15 「育児に自信がもてないと感じることがあるか」と「育児経験」の有無との関連

注：3歳児健診時
出所：原田正文『子育ての変貌と次世代育成支援』名古屋大学出版会、2006年

さて、このような乳児のタイプによって、親の育児はどのように異なってくるでしょうか。

　「楽な子」の場合、泣きだしてもだいたいの時刻によって「お腹がすいている」「眠い」と、子どもの状態が読み取りやすく、それに応じて対応すれば泣き止んでいくので、「自分はこの子の気持ちがわかる」と親としての自信もわいてくるし、泣き止み機嫌のよい子どもと過ごすことは育児の楽しみです（**資料5-17**）。

　反対に「難しい子」の場合、子どもが泣いてもどうして泣いているのかわからず、あれこれ試しても泣き止まず、育児に疲れ果て親としての自信ももちにくいのです。また入園など新しい環境にも慣れにくく、朝のお別れに泣き続け、親としていたたまれない気持ちにさせられます。

　ヴァンデンブームの研究では、スタート時点では同じようにわが子によく対応していた母親たちも、1ヵ月たつうちに子どものタイプによって違いがみられるようになりました。イライラするタイプの赤ちゃんの母親は、子どもに対する注意が少なく、笑いかけたり泣いたらなだめるなどのプラスの対応をしてもらうことが、そうでない赤ちゃんの母親より少なかったとのことです。たった1ヵ月で母親の対応を変えるほど、赤ちゃんは母親に影響をあたえていたのです。

　筆者らの調査でも、「難しい子」の場合、母親の育児不安が高い人、育児満足が低い人の比率が高くなっています（**資料5-18**）

　もちろん「気質」は、一定の安定性があるとはいえ、親の対応の仕方で次第に変化していきます。「難しい子」でも、親がゆったりと構え神経質にならず、その日の子どものリズム次第で働きかけを変えていけば、それほど問題なく過ごしていけるようになります。しかし忘れてならないことは、ここで述べたように、「子どもにも、生まれた時から『個性』があり、親子関係は親の側だけでなく、子どもの側の要因の影響も受けながらかたちづくられていく相互作用であること」「育児のたいへんさは、子どもの気質によっておおいに違う」ということです。保育士が子育て支援をする場合、とりわけ「難しい子」の親には育児のたいへんさに共感しながら支援していくことが望まれます。

Chapter 5 乳児保育と子どもの発達・親としての発達

資料5-16　子どものタイプ

タイプ	新しいものへの反応	眠くなる、お腹がすくなどの生物的リズム	反応の激しさ	機嫌
楽な子	慣れやすい	生活リズムが一定	穏やか	良いことが多い
難しい子	慣れにくい	生活リズムが日によってマチマチ	激しい	悪いことが多い
出だしの遅い子	慣れにくい	新しい事態に慣れるのに時間がかかるが、その後は楽な子と同じ		
その他		どのタイプにも分類できない		

出所：三宅和夫『子どもの個性』東京大学出版会、1990年より構成

資料5-17　楽な子、難しい子の例

●楽な子の例
　お腹がすく時間になると、グズグズし出すので、おっぱいと離乳食を与えると、すごい勢いで食べる。満足するとまた遊びだす。お昼寝、夜眠る時刻もだいたい決まっているので、部屋を暗くしてトントンするとすぐ眠っていく。寝顔がまた一段とかわいい。

●難しい子の例
　泣くことが多く、ほとんど抱いてトントンしていたら、腱鞘炎のようになってしまった。お腹がすいて泣いているのか、眠いので泣いているのかいまだに分からず不安。昼間に疲れるようなことをすると、夜寝てくれるかと思って、遠くの公園に行ったら、行くまでの地下鉄の騒音が怖く、泣き通し。公園の蛸型滑り台も怖くて私にしがみついていた。夜はその興奮が残っていたのか、いつもよりもっと寝つきが悪かった。

出所：母親たちの談話より構成

資料5-18　「難しい子群」の育児不安、育児満足

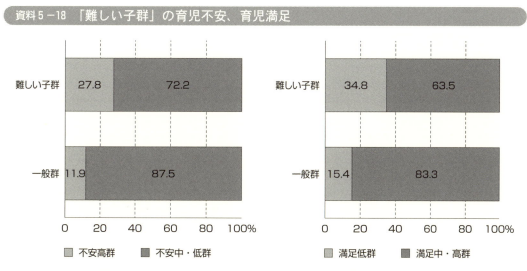

出所：神田直子・山本理絵「子育て困難を抱える親への子育て支援のあり方」『愛知県立大学児童教育学科論集』第35号、2001年、pp.21-42

⑤ 親子の絆をつくる条件

繁多（1987）は、それまでの愛着についての内外の諸研究をもとに、親への安定した愛着を子どもが形成するため、親の側の条件として次のような事柄をあげています。

① 子どもの発するシグナル（表情の変化、泣いたり笑ったり）に対して敏感に適切に応答すること。
② 一定量以上の相互作用があること。
③ 子どもとの相互作用を親が楽しんで行なうこと。

②の「一定量以上」というのは、保育所に通う子どもも、家庭児とほぼ同じ時期に同じように親と安定した愛着を形成することから、「24時間」という意味ではないことがわかります。

しかし、男女ともに長時間労働の日本における共働き家庭では、子どもと「一定量以上の相互作用」を確保することに格段の注意を払わなければなりません。また、仕事でくたくたに疲れたりストレスを抱えている場合、子どもとのやりとりを「楽しんで行なう」ことができません。それは「子どものシグナルに敏感に反応」できないことにもつながるでしょう。

一方、家庭にいる母親の間からもとくに、「子どもとの相互作用を楽しむこと」のむずかしさがしばしば語られています。一日中子どもに振り回されて自分の時間がもてないことへのイライラ感からくる悩みです。母親が育児をおもに担う家庭では、親自身の楽しみや人とのつながりを保障することが必要でしょう。

いずれにしても親子がゆったりした時間の中で関わることができ、親子とも関わりを楽しめるような条件をつくることが、親子の絆を確かなものにし、子どもの発達にとっても欠かすことができない事柄であるといえるでしょう。では、そのために保育所の果たしている（果たしうる）役割はどのようなものでしょうか。

4 子どもと親の発達を保障する保育所

　これまでみてきたように、乳児期から保育所保育を受けること自体は、子どもの健やかな発達や親子関係にとってプラスになる、少なくともマイナスにはならないということが科学的な諸研究の結果明らかになってきました。そしてたいせつなことは「保育所保育か家庭保育か」という二者択一ではなく、どちらの保育形態においても、親密な大人がゆったりと子どもの気持ちに応えてあげるという「保育の質」が確保されていることであることもわかりました。

　保育所に子どもを預けている親、とくに母親は一人で仕事・家事・育児を担う多忙な生活を送っていますが、その中でも園の保護者会や懇談会を通じてお互いのたいへんさを認め合い、育児や家事のくふうの交流会をして励まし合っている事例もあります（**資料5−19**）。

　保育所を常時利用していない地域の家庭の親に対しても、園庭開放や一時保育、子育て講座開催などさまざまなとりくみが行なわれています。園で積み上げてきた保育実践や研究成果を生かし、保育所は子育て中の親全体への支援をしつつ、とりわけ下記のような困難な子育て状況にある親への重点的な支援が必要とされています。

　ひとつは、気質的なむずかしさや、軽度発達障がいにつながる特徴がうかがわれる子どもなど、とくに子育てがしにくい特徴をもつ子どもの場合です。公園などに出かけても、親は同年齢の子どもと比べ、よけい自信をなくしてしまったり、育児の楽しさを感じにくく子どもにあたってしまうこともあります。子どもの個性は多様であり、その子のよさに気づいてその思いをくみとっていく手立てを具体的に示していくこと、場合によっては「子育ての休憩」ができるような子育ての代替条件づくりを保育所が提供することが、親としての子育ての見通しをつくり、その楽しさと自信を回復することにつながります（**資料5−20**）。

　「一時預かり事業」は、多くの園で「荷物のように預かるのではなく、一時的な保育である」という考えから「一時保育」とよばれています。**資料5−21**では、専業主婦の母親が一時保育を利用し子どもと離れる時間をもつことで、「子どもが愛しい、育児をがんばろう」という気持ちをはぐ

くみ子どもとの絆を強くすることが示されています。また、子どもの側からみても、その間良好な保育条件のもとで楽しく過ごせた場合、親への絆がむしろ強まり、その後の分離にも傷つくことが少なくなる（happy separation）ということがいわれています。

　長時間働き続けている親にとって子どもとの時間をゆったりともって親子関係を形成していくことがむずかしい場合もあります。長時間労働が軽減されれば、子どもと関わり合いたいという願いをもっている人が多い現代の父親です。根本的には日本の長時間労働、とりわけ子育て世代の30代を中心とする人々の労働時間を短縮することが必要です。しかし現状でも、保育士が両親に子どもの発達していく姿やかわいさなどを日々の具体的な保育に即して伝えていき、両親が子どもと関わることのたいせつさや喜びを深めていくことは、親としての発達を援助していくことにつながるのではないでしょうか。

　さらに、**コラム３**（p.61）で述べたように、近年の格差社会における子どもの貧困問題も深刻です。

　保育所保育の条件が改善され、その質を高めていくことは、そこに通う子どもたちの保育所で過ごす時間帯の生活を充実させていくことだけでなく、園児の家庭での親子関係を豊かにしていくこと、そして地域の家庭で子育てしている親たちの子育ての力量を高めひろげていくことにつながっていくと言えましょう。

●引用・参考文献
・大宮勇雄『保育の質を高める』ひとなる書房、2006年
・繁多進『愛着の発達』大日本図書、1987年
・J.J.ヘックマン（著）、古草秀子（訳）、大竹文雄（解説）『幼児教育の経済学』東洋経済新報社、2015年
・三宅和夫『子どもの個性』東京大学出版会、1990年
・日本赤ちゃん学会『保育の質と子どもの発達』赤ちゃんとママ社、2013年
・安梅勅江「長時間保育の子どもの発達への影響に関する追跡研究――３年後の子どもの発達に関連する要因に焦点をあてて」『日本保健福祉学会誌』10（２）、9-17、2004年

●演習課題

（１）「３歳までは母の手で」に賛成・反対の立場でディベートし、その根拠を検討してみましょう。

（２）「保育の質」とりわけ保育士の子どもに対する比率が異なると、保育士の子どもへの関わり方がどのように変わってくるのか、保育場面を観察したり、保育士にインタビューしたり、参考文献を読んだりしながら考察してみましょう。

資料5-19　誌上交流会「お迎えから寝かせるまで」

- なるべく早く迎えに行き、先生から1日の様子を聞けるように、ダッシュして電車に駆けこんでいます。子どもとは自転車での会話も大切にしています（子ども4歳と1歳）。
- 週末に作り置きしたり、前夜に下ごしらえしたり、常備菜を作るなどして、帰宅後は炒めるだけ、焼くだけの夕食です（5歳）。
- 子どもが小さい時は、とにかくよくホットプレートを使いました。鍋ができるものと焼き肉ができるものの2種類を使用。
- お風呂のスイッチを押すのは息子の仕事。これをするとお風呂と分かるようです。遊びのきりかえも早いです（2歳）。
- （お風呂は）子どもが不安なことや悲しかったことなど、心の内を話してくれる時間なので、じっくり話を聞いてあげる（5歳）。
- 絵本を読み終わったら灯りを消す約束をして絵本を読む。眠たくなっていなくても、読み終わったら消灯。眠くない日はしばらくゴロゴロしていますが、暗ければ入眠できます（3歳）。
- 父の帰りを待つと、どうしても寝るのが遅くなってしまいます。父子の触れ合いを取るか、子どもの睡眠時間を取るか、悩んでいます（3歳、ゼロ歳）。

出所：「お迎えから寝かせるまで」『ちいさいなかま』全国保育団体連絡会、2017年4月号

資料5-20　保育園の子育て支援に参加した母親の感想

- ちょうど、言葉が遅いことを少し心配していたので、声掛けのしかたなど、とても参考になりました。…「よく噛んで食べる」ということができていないので、気をつけるようにしたいと思いました。
- 最初は泣いていましたが、その後楽しく遊べたようで、良かったです。母がいない場で、ムスメはムスメなりのたくさんの経験をしてくれることがとてもうれしいです。また一時保育などでお世話になりたいなーと思っています。
- 毎回どんな給食か楽しみでした。家での食事の参考にもなりました。同じように子育てをしているママたちのいろんな話を聞く機会はなかなかないので、自分の励みにもなってよかったです。散歩の会が楽しかったです。遊具以外でのあそびの参考になってよかったです。

出所：清明山保育園　黒島みつよ「地域の要求に応える保育所づくりと今日の役割」愛知小規模連子育て講座資料、2013年

資料5-21　一時保育を体験して

- 日々の育児と発達の心配で疲れ果て、息子のことをかわいいと思えなくなることもありましたが、先生方の「こんなことできたよ」「かわいかったんだよ」「おりこうさんだったんだよ」という言葉を聞いて、息子の良いところに気づき、それが育児の喜びとなっていきました。
- なかなか食べ物を飲み込むことができず、しかも月に3～4回しか通園しない息子に食べ方の個別対応をしてくださったり、なじむのがゆっくりな息子に対して丁寧に対応してくださったり。朝登園すると、どの先生方からも「み～んなで待ってたよ～」とやさしく声をかけてくださり、お迎え時には、預かり中の様子の詳しい報告や今の時期に必要な子どもとの接し方のアドバイスをくださいました。
- 母である私がこのように安心してお預けできるので、この気持ちは息子にも伝わっていると思います。それも、息子がどんどん成長していく要因のひとつかもしれないなあと思います。
- 当時3か月の子どもを抱いている時、突然歩けなくなるほどの腰痛に悩まされました。一時保育の先生は、「お母さんのリフレッシュも必要」といって下さいました。「分かってくれてありがとう。」というのが私の気持ちでした。一時保育のお迎えに行くのが楽しみでした。「こんなにわが子は愛しいものか」を実感できました。そして子どもは「遊んだー」というイキイキした目をしていました。その日の出来事をノートで読んで、家に帰ってからも成長ぶりを実感。やっぱり子ども同士が交わることは大事なことだと思います。

出所：清明山保育園「一時保育の感想文」清明山保育園園内資料、2017年

第6章 保育士のあり方をめぐって

1 乳児保育担当者の実際

① 乳児保育＝複数担任のよさとむずかしさ

　保育園に就職した最初の年は乳児組に配属される場合が多いようです。ところが、もうずいぶん前から学生たちが赤ちゃんにミルクをあげたり、おむつを替えたりした経験はせいぜい実習時の経験だけというような場合が増えてきました。

　乳児の発達や保育についての勉強はしてきていても、いざ乳児担当となった場合、個々の場面でとまどうことが多いと思います。しかし、そのような経験や知識の不足を補ってくれるのが、複数担任制です。

　乳児保育の場合、中堅ないしベテランと新任が組むことが多く、新任は具体的なアドバイスやフォローを受けることがしばしばあります。このようなアドバイスにはたんに乳児の保育に関する知識だけでなく、保育士あるいは社会人として一人前になっていくための、現場での教育の側面も含まれるでしょう。

　しかし、現実には交替制勤務であることや保育の現場の忙しさから、ていねいにアドバイスされるとは限りません。やはり、新任のほうから積極的に疑問点を聞いていく姿勢がたいせつです。

　一方相手の保育士も、初体験の人が感じる新鮮な驚きや疑問から学ばされることもあります。

　複数担任の場合、うまく協力しあえば多面的に子どもを見ることができますが、人間関係上のトラブルも時として起こります。場合によっては、

主任や園長に相談することもよいでしょう。しかし、もともと人の性格や考え方は一人として同じ人はいないわけですから、お互いを尊重し合う謙虚さと話し合いでもって解決していきたいものです。

② 乳児保育の楽しさとむずかしさ

　乳児といえば、しゃべりもしないし、こちらの働きかけに対しての反応も少なければ動きも少ないので、乳児保育は単調だと思っている人もいるかもしれません。しかし、それはまったくの見当違いです。乳児保育の楽しさは、なんといっても赤ちゃんの発達の変化の大きさに感動することといってもよいでしょう。赤ちゃんの日々成長しようとするエネルギーはたいへんなものなので、ある日突然新しい姿を見せてくれるのです。たとえば、うつぶせにしていたはずの赤ちゃんが、ある一瞬にあおむけになっているという、赤ちゃんにとっても世界の見え方が一変するねがえりの初体験は、保育士にとっても発見と感動の一場面であり、もう一度確かめようとうつぶせにしてみるくらいの喜びの場面です。赤ちゃんの内的なエネルギーをもとに、保育士の適切な働きかけと援助が、子どもの力を引き出していくのです。

　そのような感動的場面も乳児保育では毎日のように見られますが、一方では乳児保育のむずかしさも存在しています。それは前述のように乳児がことばでもって自分の意思や意図を表現するのが困難なことです。しばしば保育士は子どもたちの「泣き」の意味がわからない、「つもり」の意味がつかめないと言って悩むものです。**資料6-1**のように、子どもの要求を理解するために、毎日のあそびや生活の場面にしっかりと寄り添い、さまざまな保育の手立てを考え、多面的な働きかけをしてみることがたいせつになってきます。ここではTちゃん（2歳児）のはじめての『いやいや』にとまどった新任保育士がなぜそうなったのかの原因を考え、それを他の先生にも聞いてみました。そして、考えられる二つの原因に相応した声かけや、その子との距離の取り方に気をつけることで、その子はスムーズに行動が切り替えられるようになったということです。ちょっとしたくふうであっても、乳児にとっては自分の要求や思いが受けとめられたかどうかは大きな違いです。このようにうまく子どもとの関係が取れれば、保育はとても楽しくなってきます。

資料6-1

悩みながらの半年間のなかで学んだこと

渡辺美穂（愛知県春日井市・第二そだち保育園）

　初めての担任は2歳児クラスであり、18人をベテランの先生がたと私の3人で担当した。

ダダこねの裏にある本当の気持ちを探る

　4月末のできごと。外遊びが終わり、部屋に入るときTちゃんがいろいろな声をかけても入りたがらず、廊下に寝ころんでいた。「あっごはんが来たよ」などと声をかけると、いやいやながらも部屋に入った。しかし今度は着替えや食事をいやがった。ご飯も途中でおしまいすることになり、私は初めてみるTちゃんの『いやいや』にとまどい、なぜTちゃんがそうなってしまったのかを振り返って考えてみた。

　原因の一つとして思いついたのは、いつもTちゃんは他の子どもたちよりも早めに自分で部屋に帰ってきていたが、この日は2、3人が先に入った後に入ることになったため、Tちゃんのリズムが崩れてしまい、そこから全てがいやになったということだった。しかし、もう一つ気になることがあった。それはTちゃんが私にとても怒っているような態度をとったことである。それらの原因について、クラスの先生にも聞いてみた。

　一つは予想通りいつものリズムが崩されてしまったので、気持ちものらなくなってしまったということであった。そしてもう一つは、Tちゃんにとって私は甘えられるし何でも言える存在であり、友だちのような存在であるということだった。そんな人から「中に入るよ」「着替えるよ」と上からの目線でものを言われたことがいやだったのではないかという意見だった。それを聞いた時、納得させられるものがあった。

　それからはこちらから「〜してね」と声をかけるのではなく、一声だけかけたらTちゃんが自分のタイミングでくるのを待つようにした。ほんの少しの心配りであるが、このことによってTちゃんとのより良い関係が保たれ、自分で行動を切り替えることも出来るようになっている。

　また、他の子どももすぐに「ママがいい」「だっこがいい」などと言うことがあるが、その言葉の裏にある本当の気持ちや要求をこちらが理解していくことが大切だと、この半年間で様々な場面を通して学んだ。

何でも一人でできてしまう子どもにこそ目を向けていく大切さに気づかされたこと

　2歳児は私が想像していた姿よりも、生活面ではできることが多いように感じた。そんな中で私は一人で排泄に向かえない子や、噛みつきが見られる子など少し気になる子にばかり目を向けてしまっていたようだ。それに気づかされたのは、6月に行われたNちゃんをテーマとした園でのビデオ研究がきっかけだった。

　Nちゃんはいつも保育者の言葉がけを聞いてすぐに一人で行動していたため、気に留めることが

少なかったことに気づかされた。また彼女は、食事や着替えなどやることが見えている生活場面では動けているが、自由遊びなど何をしてもいい場面では動けない、遊べていないということが分かり、ビデオ研究後はNちゃんの遊びに丁寧に関わっていくこと、また彼女の小さな声を聞き漏らさないことを意識していくようにした。

いつもNちゃんは園庭では水道の所で水を触っているか、砂場でバケツにスコップで砂を淡々とすくっては入れるということを繰り返しているかのどちらかが多かった。そこで、まず砂場遊びの中で楽しみを作っていけたらいいなと思った。初めは、お団子を作ってみせたりいろいろ試してみたが、ちらっと見るだけで関心は示さなかった。しかし、他の子どもたちがカップのプリン作りを楽しみ始めていたため、私もNちゃんに作って見せてみた。そしたらしばらくは見ていたが、やはりまたバケツに砂を入れることを繰り返していた。そこで今度はプリン作りがよくわかるように、私の手の上にひっくり返しプリンを見せた。そしたら初めてにっこり笑って関心を示した。何回か繰り返す中で「ツクッテ」と言うようになり、そのうち自分の手を出し、その上にひっくり返してという要求を出すようになった。しかしNちゃんは「一緒に作ってみようか」と誘っても「デキナイ」「ツクッテ」と言うだけだった。私はどうしたら、自分で作る楽しみを伝えられるのだろうかと悩んだ。

そんなある日、Nちゃんの手の上にカップをひっくり返すと、彼女が自分でカップをはずそうとしたので、はずすところをやってもらった。そしたら、それからはカップをはずすことを楽しむようになった。カップをはずしたら"できたよ"というような嬉しそうな顔で手を差し出して見せてくれた。一度私がNちゃんの手の上にひっくり返したプリンの上に、またカップをのせて、手をひっくり返してカップの中にプリンを入れて戻すと、手の上に出しては、またカップに戻すということを繰り返し遊ぶようになった。

そんなことを繰り返しているうちに、ある日Nちゃんが自分で作ったプリンを自分の手の上にのせて「デキタヨ！」と言い嬉しそうな顔で見せてくれた。私は彼女が一人で作れたことも嬉しかったが、それ以上に「デキタヨ！」と声に出し、とても嬉しそうな笑顔で教えてくれたことが嬉しかった。それからは、園庭にでると「スナバイコ」とNちゃんの方から誘ってくれることも見られ始めた。

その後水遊びへの抵抗が少なくなっていく姿が見られたり、大好きだったKちゃんから離れ、他の子と一緒に笑いあって遊んでいる姿も見られるようになった。「KチャンKチャン」と永遠に呼び続けそうなほどKちゃんにこだわっていた姿から、保育者や他の友だちとの関係作りを深めて行く中で、Kちゃんに反抗したり、保育者にも少しずつ自分の思いを口に出して伝えていけるようになった。そんなNちゃんの成長を見ることが出来たのは、常に彼女への意識を持って保育をしてきたことや、また、担任間で確認しあってきたから良かったのかなと感じた。

私はこのNちゃんとの半年間の関わりを通じて、一人で何でもできてしまう子ども、しっかりしていそうに見える子どもにこそ目を向け、"この子は本当に自分を出せているのかな？""頑張りすぎていないかな？""自分の思いを伝えられているのかな？"などと立ち止まって考えていくことの大切さを学んだ。

出所：第二そだち保育園2009年度上半期保育のまとめ

2 保育士のあり方

① 子どもにとっての保育士

　ことばによる表現手段をほとんど持たない０歳児にとっては、まわりにいる大人が自分の思いをどうくみとってくれ、どう対処してくれるかが気持ちよく生活し、すこやかに心と体が育っていくためのキーポイントとなるでしょう。

　資料６-２は、０歳児をベテランと新任保育士２名の計３名による、担当制で保育している例です。担当制は乳児保育の場合によく取り入れられる方法で、おもに食事や睡眠、排泄などの生活的場面で、担当する保育士を決め、ある程度固定することで子どもとの関係を安定させようとするものです。しかし、これは絶対というわけではなく、保育士同士で連携をとりながらクラスを全員で保育するということが基本です。

　この資料でも、不安定だったＤちゃんが担当した保育士になついて、園にも慣れてきたようすが見られます。泣くことでしか思いを表現できないような段階の子には、しっかりと寄り添って信頼できる保育士がいつもそばにいることを感じさせてあげることがたいせつです。

　そして、先輩保育士が言うように、十分安心できれば保育士から離れて、自分から他のあそびへと向かっていくはずです。また、一日の中でどの子にも均等に関わるということにこだわりすぎなくてよいという先輩保育士のことばも、的を射ていると思われます。とくに、接した時間が均等であったかということは、機械的なとらえ方でしかありません。

② 親にとっての保育士

　ここでは乳児を預けて働く親にとっての保育士という観点から、そのあり方について考えてみたいと思います。

　乳児を持つ親ということから、比較的若く、子育てについて未経験な親も多いと考えられます。その親たちに、子どもの生理や心理のとらえ方や

具体的な育児の仕方を教えたり、若い親たちの育児についての悩みを受けとめたりしていくのは、保育士の大きな役割です。とくに、乳児を預けて働く親たちはフルタイム勤務が多く、仕事と育児、家事の両立をめぐって、さまざまなストレスや困難を抱えていることが多いものです。子どもを持った保育士は同じ立場から、共感を持ってアドバイスができるでしょう。しかし、子育て経験がなければ適切なアドバイスができない、ということでは決してありません。たとえ自分の子どもはいなくても、保育士は多くの子どもを見てきたプロの目から、幅広い助言ができる可能性があるのです。

　親と保育士の間で、日々の会話や連絡帳などを通して「子育てのキャッチボール」をしながら、太い信頼関係のパイプを築いていきましょう。親にとって、子ども一人ひとりを見守り客観的に見てくれる子育ての専門家としての保育士の存在は、たいへんありがたいものです。現在は、人と関係を結びにくい保護者も増えているので、まずは保育士のほうから明るく気軽に声をかけたり、行事や懇談会に気安く参加できるよう楽しく誘っていくくふうが必要になってきています。時には保育士自身が自分の未熟さを認め自己の経験を率直に語る中で、殻に閉じこもりがちな親たちの安心も生まれてくるというものです。

　経験が浅い間は自信がないでしょうが、真剣に親たちの悩みや実情に心を寄せていこうとする態度で努力していけば、きっと保護者たちの心もほぐれて、保育士を信頼してくれることでしょう。

資料6-2

担当一人で悩まず、子どもにとっての最善を探る

佐藤有美子（東京都中野区・あけぼの保育園）

新人2人＋ベテランでスタート

　昨年度担当した0歳児クラスは、9人の子どもに担任3名（20年目の自分と新卒の2名）、パート1名、様子によっては看護師が手伝いに入るという体制で保育をしました。
　担当制については、よく「保育士の力量が問われる」と言いますが、これまでの経験から2名の新人が担当を持つ不安より、担当制にすることのメリットを最大限生かすことにしました。
　0歳児クラスで大切にしていることはいろいろありますが、一人ひとりによりきめの細かい対応を考え、手だてしていけるように担当制を導入しています。しかし、担当といえども3人の子どもの担当なので一人では対応しきれないことも多々あります。そこで「担当は生活部分・生理的な部分（食事、睡眠、排泄など）を中心に関わり、その他はクラス担任全員で見ていく」ということを基本においています。

寝ない、飲まない、泣きやまない！

　Aちゃん・Bちゃん・Cちゃんの担当になった新人のY保育士。眠いのにどうしても眠れないAちゃんは縦に抱いても、横に抱いても、どんな歌を歌っても、泣きやみません。眠れません。担当はどうにもできずにいました。
　「代わってみようか？　寝るかどうかわからないけど」と持ちかけると「いいですか？」とほっとしたような情けないような表情の担当。代わって寝かせてみると、癖があるものの、逆に癖をつかんでしまうとすぐに寝付くことがわかりました。「少し体を丸めるように抱いて、とんとんと縦にゆすると眠れるよ」と伝えると、担当もすぐに癖をつかむことができました。
　ミルクを飲むときもしかり。母乳だけで育ったAちゃんはなかなか哺乳瓶を受け付けません。食事も受け付けません。やはり担当に代わって、癖をつかんでから「もう少し体を起こして抱いてみたら」「スプーンの運びをテンポよくしてみて」など担当が食べさせているそばで、丁寧に伝えていきました。
　「担当だから自分がなんとかしたい。他の保育士に手を出してほしくない」とか「新人といえども、担当なんだから自分でなんとかすべき」などとは思わず、お互いに肩肘をはらないで「Aちゃんにはどうしてあげるのがいいかな」と、子どもを中心に話し合い、考えることができたことが良かったようでした。
　担当制を行っていてもクラス担任がクラスの子ども全員に責任を持つことが基本です。保育士同士、いつでも子どもの話や、保育の悩みを話し合えるような仲間関係を作っておくことが大切ですね。

担当の関わりどころは？

　Dちゃんはとても人見知りが強く、また大人が動くことに不安を覚えやすい子でした。担当がそばを離れたり、大人が目の前を横切るたびに、その思いを大きな声で泣いて訴えます。遊びは常に中断してしまい、顔は涙でぐしょぐしょです。

　そこで、Dちゃんの不安をしっかり受け止めてあげるために、できるだけ担当のT保育士がDちゃんと一緒に過ごせるようにしました。その方法はDちゃんにとってとても良かったようで、日に日に保育園に慣れ、笑顔で過ごせるようになってきました。

　ところがクラスの打ち合わせの時、担当のT保育士は心配なことがあると話し始めました。一つは、自分に慣れたDちゃんがこのまま離れなくなってしまうのではないか。もっと距離をおいたほうがいいのではないかということでした。二つ目は、Dちゃん以外の担当の2人の子は、他の保育士に世話をされて今は心配ないが、担当としてDちゃんにばかり手をかけていることが子どもたちに心苦しいということでした。

　そこで、Dちゃんについては「今はT保育士がそばにいることで落ち着いている。もっと安心できるようになれば、自分から面白い遊びや探索に離れていくはず。故意に離そうとすることで不安をかきたてないほうがいいのではないか」。他の2人については「今、3人の中でもっとも担当を必要としているのはDちゃん。いずれ他の2人にも『担当でなければ』ということが出てくるはず。その時にはしっかり関われば良い」という話をすることができました。

　その話し合いによって、T保育士は迷わずにDちゃんに関わることができるようになり、Dちゃんの泣き声がなくなることでクラスがいっそう落ち着きました。

　保育士なら、どの子にも同じように手をかけたいと思うと思いますが、それは一日の中で均等に同じ時間だけ関わるということではなく、どの子にも必要な時に、必要なだけ手をかけてあげるということではないでしょうか。

安心できる環境で伸びやかに育つ

　担当制のメリットは、特定の親しい大人がいつでも一緒にいて世話をしてくれるという安心感の中で、のびのびと自我を芽生えさせて、要求をしっかりと出せること。そして、その要求をしっかり受け止めてもらえることで、また世界を広げていくことだと思います。でも、このメリットを生かす上で大切なことは、クラスのあり方だと改めて思いました。

　もしもクラスが「担当の子どもの世話は全て担当が行うべき」「後追いされるのは、担当が甘やかしているから」といった誤った見方をしてしまったら、担当は全ての責任を背負いこんで、同僚の視線を痛いほど感じながらつぶれてしまうことでしょう。

　常に子どもにとって、今はどうすることが一番良いのかを考え、困った時にはクラスとして相談しあい、協力しながら、子どもも保育士も良い状況で一日が過ごせるようにすることが大切ではないでしょうか。

出所：「現代と保育」第65号、2006年、ひとなる書房より編集

③ 職員集団の中の保育士

　筆者らの卒業生についての調査（大村・神田1992）によれば、大学時代に描いていた保育のイメージと就職先の保育のイメージの違いの三大要因は、①保育観の違い、②事務、雑務の多さ、③子どもの個人差でした。この第一の「保育観」が違うと、その後も自分で納得のいく保育ができにくくなりがちです。また、卒業前と就職先の保育のイメージが違った場合、保育士としての自分の適性に疑問を感じやすくなったり、長く働き続ける意欲を失ったりしてくるようです。したがって、就職する際に自分の考える保育のイメージに近い園を選ぶことがまずたいせつになってきますが、就職してからは園全体として、子どものとらえ方や保育の方法などについてのいわゆる保育観を共通のものにしていく努力が大事であると言えるでしょう。

　新人の間は自分の意見に自信もなく発言しにくいと思いますが、経験を重ねる中でも自分の疑問を流してしまわずに、意見を出し合える職場を心がけたいものです。そのためにも、会議などにおいて経験年数にかかわりなく、お互い安心して自分を出し合えるような関係をつくっていくことが大事だと思います。

　たとえば、職場で保育カンファレンスを行なうなど、具体的な記録やビデオなどを使って話し合えるといいでしょう。保育現場は交替制勤務もあり、全員で会議を持つこと自体なかなかむずかしいですが、会議を行なうときも伝達事項や行事についてだけでなく、日常の子どもについての悩みなどを率直に報告し話し合うことで、お互いにわかり合えたり、問題解決の糸口がスッと見えてきたりします。

　しかし、一方では十分話し合ったうえでのお互いの見解の違いを認め合う寛容さも必要だと思います。

　また、保育をするにあたっての人的条件・物的条件などに不足があれば、それが疲労やストレスとなり保育の向上を妨げるので、保育条件、労働条件にも目を配り、個人の問題とせず、職員集団として解決していきたいものです。そのためにも、日本の保育の現状や、ひいては進んだ外国の状況などにも視野を広げておきたいものです。

3 保育士を目指して

　最近、保育士を目指して入学してきた学生たちの中で、早い時点で保育士になることを断念するのは、最初の実習を終えた時のように思われます。その理由は「保育士はたいへんな仕事だ。私は自信がない」ということです。それにはもっともな面があります。

　なぜなら、保育士は見える範囲の子どもだけ気配りしていればいいわけではなく、背後にいる子どもたちの動きもキャッチしておかなければなりません。自分のことで精一杯の学生たちにとってみれば、とても自分にはそこまで配慮できないと思えるのでしょう。

　また、保育士は幼い子どもたちに大きな影響を与える重要な職業です。今保育士になりたいと考える学生たちの多くが、幼時に自分を担当してくれた保育士から多くの影響を受けているようです。でも、現在の学生たちから見れば、私はそんなに大きな影響を与えられるような人間ではない、自信がない、ということになるのでしょう。

　最初の配慮の問題については、現在の学生は家庭であまり家事をすることも、他のきょうだいの世話をしたりすることもなく育ち、生活経験が乏しいのが一般的です。幼い頃のあそびにしても、保育学生自身が年々外あそびの経験が減り、自然や友だちと関わり合って育つことが減ってきています。また、どうしても学校や家庭で先生や親の指示にもとづく生活を送ってきている場合が多いので、一瞬後になにをしでかすかわからない子どもへの多面的な気配りを、最初から望むことはまちがいだとさえ言っていいでしょう。

　2番目の、保育士という職業の重大さということに関しては、こういうことが考えられます。前述のように、保育士になりたいという学生の多くが幼時に優しい保育士に担当してもらったことが忘れられないといいます。でも、昔も今も、優しく、立派な保育士ばっかりだったとは考えにくいのです。さまざまな性格、さまざまなキャラクターの持ち主がいて、中には行事に追われるあまり、子どもに怒りっぽく接した先生もいたかもしれません。時には感情の行き違いなどがあったとしても、基本的にあたたかい態度で接し、子どもと日頃共感できていれば、後には子どもの心にあ

たたかい記憶がしっかり刻まれることと思われます。

　自信がないという学生は、まず自分たちの育ちの弱さを克服するよう、家庭で、実習で、またさまざまなボランティア活動など積極的にとりくんでください。その中で、生活や仕事を運営していく段取りや気配り、子どもや他者との関わり方や配慮の仕方などを身につけていってください。

　また保育職の重大性ということについてはまさしく人間性の問題ですから、一番大事なことは子どもを心から尊重するということだと思います。保育所保育指針においても「子どもの人権に十分配慮する」とともに、「子ども一人一人の人格を尊重」しなければならないと述べられています。誠実に接していれば子どもは信頼してくれるはずです。乳幼児にとって一番大事なものは、基本的信頼感です。それを基礎に保育士の長所、たとえば絵や歌がうまいということが輝いて映るのです。誠実に努力しようという心構えが信頼される保育士へのパスポートとなるのです。

　また保育職が肉体的、精神的にもかなりハードな職業だということについては、やはり認識しておくべきだと思います。学生のうちから自分の体の弱点を鍛えたり、治療したりしておく、またはスポーツをしてできるだけ丈夫な体づくりを心がけておくことが大事です。

　精神的な面では、加藤らによる新卒保育士の早期離職についての研究（加藤・鈴木2011）によれば、社会人としての未熟さ、すなわち生活経験の不足やコミュニケーション能力の不足、プレッシャーへの弱さなどが理由としてあげられています。それらは保育士には限らないと思われますが、やはり学生時代からサークルやボランティアその他の自主的な活動に打ち込み、他人との葛藤をのりこえ、協力する経験やスキルを身につけることが重要と思われます。また他人と比べたりしてくよくよ悩むのではなく、前向きに考える習慣なども大事なことだと思います。

　さらに、労働条件的にも一般に厳しい保育現場では、つい人格を否定するような言葉を投げかけられる場合も時としてあります。そのような場合、同僚や上司などによるパワーハラスメントの可能性もあるので、一人で抱えこまないことが大事です。すべてを自分の未熟さのせいと思いこまず、信頼できる人に相談したり、思いを聞いてもらって、声を出すことが大切です。

　さて、現在ますます広がっている子育て支援も、社会の状況からいっていっそうそのニーズが高まっていくでしょう。新任の保育士にはなかなか

むずかしいことですが、どの親をも受けとめられるよう、毎年の経験をたいせつに積み上げていってほしいものです。

最後に、新任保育士へのエールのことばを雑誌「ちいさいなかま」から抜粋（一部表記改）してみなさんに贈りたいと思います。

〈保護者の方から〉

・新人保育士さんは、とてもフレッシュ！　子どもに一番近い視点で、気持ちで、一生懸命子どもの日々の様子を伝えてくれる姿に好感を持ちます。技術なんて求めません。子どもとの生活を楽しんで下さい。
・まずは、職場の中で「こんな先輩になりたい」という人を見つけること、そして、その先輩からいっぱい学ぶことがたいせつだと思います。

〈先輩保育士から〉

・失敗は恐れない、でも謙虚さは持ち続けて、すべてのことから吸収するつもりでとにかく前へ！　喜怒哀楽をからだ全体で表現しながら、子どもたちと成長してほしいな。保育士一年目は一度きりですよ。
・たくさんの失敗や間違いをする保育士が年数をかさねると、フシギと「味」が出てくるんですよ。そして子どもとくちゃくちゃになって遊んで下さい。いろんなことがあそびを通して見えてきますよ。
・先輩のやっていることを見てまねてみることも、私が新人の時はよくやりました。見て技術を盗んだり、同じようにやってみて子どもたちの反応の違いを観察することで、自分に何が足りないのかがわかってきます。

●引用・参考文献
・大村恵子・神田英雄「保育科卒業生の保育者としての成長とその要因——大学教育の役割を中心に」名古屋短期大学研究紀要第30号、1992年6月
・加藤光良・鈴木久美子「新卒保育者の早期離職問題に関する研究」常葉短期大学研究紀要第42号、2011年12月
・「新人保育士さんへのメッセージ」『ちいさいなかま』全国保育団体連絡会、No.528、2009年4月号

●演習課題

（1）新任で年上の保育士とペアで保育を担当した場合、配慮すべきことと主張すべきことを、実習の時の体験をもとに考えてみましょう。
（2）就寝と起床、朝食のリズムが遅めの子どもと保護者について、あなただったらどういう働きかけをするか考えてみましょう。

第7章 乳児保育のあゆみ

1 萌芽期から発展期へ
――1953〜1975年頃まで

① 乳児保育のはじまり――「赤ちゃんを預かる保育所がほしい」

　第二次世界大戦後、1950年代に入っても公的保育が普及していませんでした。その頃から、共働き家族世帯の子どもたちを共同で保育するとりくみがみられるようになってきました。

　共同保育所第1号は、東京大学職員組合婦人部による「ゆりかご保育園」です。出産後も働き続けることを願って、大学構内に保育所の設置を要求しましたが受け入れられず、やむなく付近に間借りをして1953年に保育所は誕生しました。この経験は、共同保育運動として働く女性たちに支持され、各地に広がっていくことになります。

　1955年頃から始まった高度経済成長により、技術の革新は日進月歩の発展を見せ、産業構造も大きく変化を見せ始めた時期のことです。拡大する経済活動下にあって、労働力不足は今まで家庭内にあった女性労働を家庭外への就労へと導き、働く女性の急増となっていきました。当時は、増設されてきたとはいえ保育所の絶対数が少ないうえに、低年齢児を預かる施設・設備も整っていない状況でした。ですから、既設の認可保育所に預けることはほとんど不可能でした。多くの働く母たちは、妊娠、出産を機に退職を余儀なくされていたのが現実でした。

　しかし、経済的事情や女性の労働への意識の変化も加わって就労継続を望む人が増え続け、保育要求は切実なものとなっていきました。ある母親

の事例を見てみましょう。

> **例1**
> やっと団地に入居できました。今までは生後4ヵ月の娘を隣の奥さんの好意で預かってもらっていました。当時夫の収入は月収約8,000円で、うち家賃に4,000円かかり私は退職することもできませんでした。引っ越しもそこそこに娘の預け先探しにかけ回りました。駅のホームでみた看板を頼りに家政婦に依頼したり、次は新聞広告で住み込みの人を募集したりしました。やっと地方から上京した20歳の娘さんが来てくれたけれど、日光浴で裸の赤ちゃんを半日も放ったらかすなど経験も知識もなく、事件が続く日々でした。ほんとうに安心して預けられる保育所がほしい、切羽詰まった気持ちでした。

『働きつつ育てつつ』働く母の会編、ドメス出版、1990年

地方から都市に出てきて共働きしつつ子育てする場合、核家族の夫婦は、別居している実家の親に預けることもありました。出産休暇が切れて目処がたたない場合は、職場へ赤ちゃんを連れていって休憩室に寝かせておくこともありました。さし迫った事情を多くの母親たちはかかえていたのです。

> **例2**
> 自分たちで保育所をつくるなど考えてもいませんでした。知らぬ人に預けることへの不安と自分の手で育てていないという後ろめたさもあり、何とか知人をと求めて歩きまわりました。でも自宅（アパート）を昼間は保育所に提供して保母さんたちに来てもらっている例などを聞いて、私達だって保育所はつくれるのだと気がついたのです。

『いりなか保育所の記録』1968年

急速な社会情勢の動きに公的施策は追いつかず、ひっ迫した条件にあった母親たちは、力を合わせて職場や地域に自主的に共同保育所をつくっていきました（**資料7-1**）。

② 対照的な乳児保育のとらえ方

従来、家庭の中で私事として営まれてきた乳幼児の育児は、こうした社会状況の変動の下で家庭内の育児に終わらず社会的な保育施設を生み出す

方向(保育の社会化)へと進行していきました。それと同時に、保育のこのような新しい事態を迎えて、育児や保育に対する人びとの意識も変化してきました。乳児期からの集団保育に対しても肯定・否定の二つの考え方が対峙し、実践および理論の両面から議論が交わされていったのでした(第5章 参照)。

このような対照的なとらえ方が社会的に鮮明になった契機は、1963年厚生省中央児童福祉審議会「保育問題をこう考える」(**資料7-2**)に盛り込まれた保育の原則7項にあったといってもよいでしょう。この中では「保育はいかにあるべきか」として7原則を掲げています。その重点は家庭保育第一主義、母親の育児責任の強調におかれ、広がり始めた乳児保育と女性の社会進出を抑制するものであり、「母親よ家庭に帰れ」という意図としてとらえた人々も多くいました。子どもを預けて働く母親たちの社会進出をゆるがす内容であったことも事実でした。

> 保育界には0歳児保育に対して大きくわけて二通りの構えがみられる。
> 　第1のタイプは、少なくとも0歳児時代は発達段階からいっても家庭での養育がのぞましい。現行制度の内容では実行に多くの危険を伴う。保健衛生・保護と保育者体制の拡充を行なって実施するべき。
> 　もう1つのタイプは、婦人の社会的進出に伴って0歳児からの保育は現代の課題である。悪条件はあるが、まず取り組み、みんなで協力して改善をすすめよう。保育内容も乳児期からの集団保育を保育方法論としてとらえ、実践を確立していこうとするもの。

『保育問題資料集』1968年版、全国私立保育園連盟

乳児保育を必要悪(本来は好ましくないがやむをえず認めるというもの)としてとらえる見方と、親や子どもたちの生活と発達に積極的な意味をもつとするとらえ方とがありました。これらの考え方は乳児保育是非論として展開されていきました。現在でもこの議論は残っているものの、乳児保育の実質的な進行が遂げられる中で、むしろ今日では"保育の質"が問われてきています。

③ 小規模保育所制度の導入

厚生省(当時)は1968年に「小規模保育所制度」をつくりました。それ

資料7-1　保育運動とは

　子どもを産み、育て、働く親たちの権利と子どもたちの健やかな成長・発達の権利を保障するための諸運動を指しています。
　保育運動には、
　　① 保育所を増やしより良い施策にする活動
　　② 保育者同士の結びつきを強め労働条件などの改善を進める活動
　　③ 子どもたちの人間らしい成長・発達を実現するための保育実践、理論の研究活動
の3つがあります。わが国では1955年（昭和30年）前後からこの3つの活動が成立し、進められてきています。
　たとえば、乳児を集団保育する場自体がなかった時代、乳児からの保育所を親の共同の力で創り出し、その実践の中で乳児の保育内容や方法を紡ぎあげてきた共同保育所づくりは、その典型的なものです。

資料7-2　「保育問題をこう考える」

保育所はいかにあるべきか（保育の原則）

第1原則　両親による愛情にみちた家庭保育
第2原則　母親の保育責任と父親の協力義務
第3原則　保育方法の選択の自由と、子どもの母親に保育される権利
第4原則　家庭保育を守るための公的援助
第5原則　家庭以外の保育の家庭化
第6原則　年齢に応じた処置
第7原則　集団保育

出所：中央児童福祉審議会保育制度特別部会　1963年7月31日答申

青戸団地共同保育園　1958年開設　団地に待望の共同保育園が生まれた

写真提供：働く母の会

写真・キャプションとも出所：橋本宏子『戦後保育所づくり運動史』ひとなる書房、2006年、p.229

までの認可基準を緩和し（たとえば定員60名以上の規模を30名で可とするなど）認可が得られやすくなりました。この制度によって、それまで保育所を設置したものの認可条件を満たせず、やむなく無認可保育所として公的制度の枠外におかれていた共同保育所などが力を集めて条件づくりにとりくみ、認可保育所として運営できるようになりました。とりわけ規模の小さな保育所が多い乳児保育の前進に大きな推進力となったのです。

> 無認可時代は、経費はすべて父母負担なので毎月運営費捻出のための活動に追われてきました。認可園になって公費による運営となり、保母さんの待遇も確立でき、今度はよい保育づくりを考える事ができるようになりました。

『いりなか保育所の記録』1973年

④ 乳児保育特別対策

国の保育制度の基本は措置制度にありましたが、措置制度とは別に補助金を支弁し、その実施を促す施策として各種の特別対策があります。乳児保育の特別対策はもっとも早く、1969年に創設されました。厚生省（当時）は乳児保育の特別対策の内容を「乳児（0歳児）について安全を保持し順調な発展を促すため、職員の配置や設備などの保育内容を配慮して行なう」としています。その指定園になると保育士配置が3：1になるなど条件が上積みされるので、保育現場にとっては有効な施策です。

この制度の創設には、産休明け、0歳児保育への要求の高まりと、厚生省科学研究「保育所における乳児保育実施上の諸要因に関する研究」（平井信義他、1963～64年）の成果とが大きく影響したのです。この厚生省科学研究は、ひとことでいえば、"条件があれば乳児からの集団保育も可"というもので、乳児との個別的な人間関係を通じ情緒的発達を促進するような時間を保障できる保育士数、医師、保健婦の配置と乳児の心身発達の特性に応じた設備・遊具などを整備して集団保育体制を充実するなど、積極的な方向性を含んだものでした。

乳児保育特別対策は、乳児保育の一般化（1998年）が実現するまで続きました。

2 保育内容の充実と保育要求の多様化
──1975〜1990年頃まで

① 保育実践と理論の発展

　量的な拡大の続く中、保育所は「安心して預けられる」場に終わらず「子どもたちの人間的な発達を保障する」場として期待されるようになってきました。

　園内研修、市町村単位の研修、保母会を中心としたものや自主グループによる研修などが各地でとりくまれることにより、0・1・2歳児の保育実践が蓄積されていきました。保育に関わる諸科学（心理学、医学、生理学、栄養学など）の研究成果に学び、実践、理論ともに深められたのもこの時期における特徴です。

　保育の研究は実践と理論の結合によって発展しますが、とりわけ保育を直接担う保育士の役割は大きく、その自覚的・主体的な研究意欲が保育内容充実の推進力になってきました。全国的な公・私立含めた保育士の組織である全国保母会※も、この時期精力的に組織を上げて研修・研究活動にとりくみました。

　また、自主的研究グループの全国組織である全国保育団体連絡会では、毎年全国保育団体合同研究集会を行ない、全国各地から実践レポートを持ちより討議を重ねてきています。この研究集会では1970〜1985年の15年間で482本もの膨大な実践研究報告と討議が行なわれ、関係者の乳児保育発展への意欲が保育内容づくりに大きく貢献しました。（『現代社会における発達と教育・研究報告集』日本教育学会、1985年）

※ 現在の全国保育士会。昭和27年に始まり、昭和31年に結成された。「子ども達の真の幸福を守るために保育士は手をつなぎ、たちあがろう！」と呼びかけた。

② 産休明け乳児保育の位置づけの確定

　乳児保育が地域や職場でとりくまれ始めて10年余り経過した1972年、厚生省（当時）は保母養成課程の教科目にはじめて「乳児保育」を設置しました。それまでの保母（現在の保育士）養成は幼児中心であり、乳児保育

が増えつつある現場の実態に対応できず、乳児保育の専門的学習が必要とされていたのです。この措置は歴史の浅い乳児保育の発展に大きな意味をもつものでした。

　厚生省（当時）が保育所保育の手引書として「保育所保育指針」（以下「指針」とする）をはじめて刊行したのは1965年でした。指針における乳児保育は、発達区分において0歳は「1歳3ヵ月未満児の保育内容」として一括して扱われており、発達の早い0歳児保育には不十分であるという声があがっていました。保育所受け入れ年齢も1歳以上から10ヵ月、6ヵ月、そして今日では産休明けへと下がってはきていますが、当時、産休明け児は対象として十分意識されていなかったのでしょう。

　1990年に改定された「指針」では、この点が明確に改善されました。"6ヵ月未満児"と"6ヵ月から1歳3ヵ月"とに年齢区分が分けられたこと、生後間もない時期の発達のおもな特徴と保育所保育のあり方が記述されたことなど、明らかに0歳からの保育が全面的に位置づけられたことを示しています。

　この後「指針」は10年おきに改定をくり返していきます。現在に至る流れをかんたんに見ていきますと、1999年の改定では、生後3ヵ月頃の発達について詳細な記述が加わり、産休明け保育への配慮がされたものになりました。第3回目の改定となる2008年版の「指針」は、厚生労働省による「通達」から厚生労働大臣による「告示」となりました。すべての保育所が遵守すべき最低基準として位置づけられたのです。合わせて内容の大綱化も図られました。そのためこれまで年齢別に章を立てて記述されていたものが一つの章にまとめられ量的にも大きく縮小されました。さらに10年後の2017年に行なわれた改定については第8章で詳しく述べています。

③ ベビーホテル（育児産業）問題

　1970年代には地域社会や親の生活実態が著しく変化し、長時間保育、低年齢児の受け入れ、途中入所など保育ニーズも多様化してきました。保育ニーズに公的施策が追いつかない中、無認可保育所の増加も止まらず、都市部においては従来の無認可施設とは性格の異なる育児産業としてのベビーホテルが出現しました。企業としての性格から保育条件は十分でなく1年3ヵ月余りの間に35件の死亡事故が続発し社会問題化しました（**資料7－3**）。

資料7-3　ベビーホテルで働いて

　私はN市のC託児所で、平成11年7月から5ヵ月間働いた。勤めて1週間が過ぎた頃、「これは保育ではない」と思った。

悲惨な保育

　注意してもきかなければ平気で頭や体をたたく。それでもダメな時は別の部屋に閉じこめて鍵をかけたり、押し入れに閉じこめたりする。ひどい時は、おやつや食事まで抜く。
　乳児保育では0～1歳まで20人あまりを1人でみている。乳児はベッドに入れ放しで泣いてもおかまいなしだ。
　授乳時は顔の横にタオルケットを置き、哺乳瓶を固定させ乳首を口に突っ込んで、放置している。ミルクが口から溢れても空になるまで手を出さず、瓶を回収してもゲップを出させない。

親には嘘を

　迎えに来る親には「〇〇ちゃんとてもいい子でしたよ、ごはんもいっぱい食べています」と平気で嘘を言う。親はお礼を言って子どもと一緒に帰っていく。その後ろ姿を見ると申し訳ない気持ちで一杯だった。
　保育者が笑顔を見せるのは、親と嘘の会話の時だけだ。
　信じられないことだが、園児50人に保育者2人であたるよう組まれていた。

（A・I記）

出所：乳児保育研究会報告（1999年）より

資料7-4　ベビーホテルの年齢別入所児童数

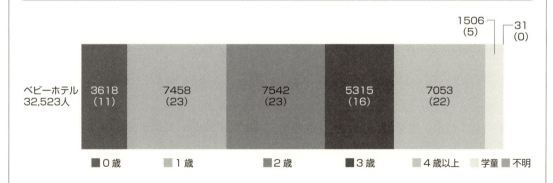

注：2015年3月現在
出所：厚生労働省雇用均等・児童家庭局保育課「認可外保育施設の現況」より作成

厚生省（当時）によるはじめての実態調査（1980年）によるデータでは、子どもの年齢は3歳未満児が約6割を占めていましたが、現在でも半数が3歳未満児です（**資料7－4**）。また、毎年の調査によりますと、施設数は90年代前半頃まで横ばいでしたが、90年後半になってからは増加しており、1998年は727ヵ所、2000年には1,000ヵ所を上回り、2011年には1,830ヵ所（**資料7－5**）となっています。しかし、この時をピークにベビーホテルの数は減少傾向にあります。

3 保育所機能多様化と乳児保育の一般化
―― 1990年頃～2010年頃まで

① 「保育所機能拡大」政策

　1990年代に入ってから厚生省（当時）は「児童、家庭を取り巻く環境の変化をふまえ児童家庭行政は新たな展開のとき」と意味づけ、今後の保育対策を「いわゆる保育に欠ける児童の保育をコア（中心）にしながらも、それ以上に多様なニーズにこたえる体制の整備が必要」（『国民福祉の動向』1991年版）とし、数多くのサービスメニューを打ち出してきました。

　保育所の中心的役割は「保育に欠ける」児童を保育することにありましたが、現行制度では対応できないニーズに対して特別保育対策が実施されていました。それに加え地域住民の家庭に対する子育て支援を中心としたメニューも設置されました。「保育に欠ける」児童への対応と、地域家庭の一般児童への対応の両方から保育所の果たすべき役割が期待されていたのです（1999年10月改定「保育所保育指針」に第13章として項目加わる）。

　当時の保護者の保育ニーズは**資料7－6**のようにじつに多岐な内容を含んでいます。こうした要求を実現し、保育所の機能拡大を進めるためにもっと豊かな条件設備が図られるようになっていったのです。

② 待機児童の解消を目指して

　1990年の保育所保育指針には「6ヵ月未満児の保育内容」の章を新たに

Chapter 7 乳児保育のあゆみ

資料7-5 認可外保育施設数の推移

凡例：ベビーホテル／ベビーホテル以外の認可外保育施設

年度	ベビーホテル以外	ベビーホテル	合計
1998	4,056	727	4,783
2000	4,771	1,044	5,815
2002	5,463	1,386	6,849
2004	5,589	1,587	7,176
2006	5,683	1,566	7,249
2007	5,751	1,597	7,348
2008	5,528	1,756	7,284
2009	5,705	1,695	7,400
2010	5,870	1,709	7,579
2011	5,909	1,830	7,739
2012	6,016	1,818	7,834
2013	6,172	1,767	7,939
2014	6,289	1,749	8,038

出所：厚生労働省雇用均等・児童家庭局保育課「認可外保育施設の現況」より作成

資料7-6 あったらよい子育て支援

項目	割合
●親子で気軽に遊びに行ける場	76.2%
●自分で安全に遊べる外遊びの場	64.9%
●子どもが同年代の友だちを作れる場	49.6%
●理由を問わず子どもを一時的に預かってくれる場所	38.0%
●同年代の子どもの親と知り合える場所	35.6%
●気軽に相談できる場	27.8%
●再就職のためサポートしてくれる場	24.6%
●本の貸し出し・映画の上映	20.3%
●パパの子育て参加を啓発する講座や集い	19.3%
●病気の後などに子どもを預かってくれる場所	19.2%

回収：子育て家庭2567件
出所：全国社会福祉協議会『保育所と地域が協働した子育て支援活動研究事業 調査研究報告書』2008年3月

加えて、乳児保育の充実を図りました。さらに「乳児保育の一般化※」によりすべての施設で乳児保育が実施できる体制が整えられました。にもかかわらず、都市部を中心に待機児童が増え続け、その解消は先のばしが続いています（**資料7-7・8**）。

この当時、自治体の独自施設として新しく設置されている保育所や乳幼児施設には、認証保育所や保育室事業などがありました。しかし、これらの保育施設は国の最低基準が緩められたため、営利目的で運営される場合もありました。なおさら保育士の人員配置や保育環境の不備を招くことにもなりかねませんでした。

当時も「待機児童の解消」のための保育対策が緊急の課題（**資料7-8**）になっていましたが、前述のように、保育所の最低水準を緩めて乳幼児を現状の基準の中に押し込むことにはすでに限界が来ていたのです。2001年から、10月以降は「定員弾力化」の名で定員をこえる保育の受け入れが行なわれるようになりました。その結果、詰め込み保育による事故の増加を招いているという報告（**資料7-9**）も見逃すことができません。なんとしても、保育所の増設による「待機児童解消」の対策が必要であると言えましょう。今なお、待機児童問題は継続していること（**資料7-10**）が報道から理解できます。

OECD（経済協力開発機構）は2009年11月、日本の経済政策について包括的な提言を発表しました。その中で保育所の「待機児童解消」に力を注ぐべきとし、「少子化が進む日本で、労働力確保のための女性の人材活用」は重要であり、「少子化対策と女性の社会進出を促す一挙両得の政策」の観点から対応の必要性を強調しています。

このように「待機児童解消」はこれからの社会のあり方に大きな影響を及ぼす問題であることを考えるとき、ぜひとも、子どもたちと親たちに犠牲を押しつけない前向きの対策が切望されるところです。

③ 少子化対策にみる乳児保育

日本においては、1.57ショック以来少子化が深刻な問題のひとつとなっています。1990年代からの少子化対策は**資料7-11**のように、多様な方法で推し進められてきました。政府が1995年以降積極的にとりくんできたエンゼルプラン、新エンゼルプランでは出生率の低下を解消することができま

※「新エンゼルプラン」（2000年）に、これまで特定の保育所を乳児指定保育所として実施してきた制度を廃止し、0歳児保育をすべての保育所で実施することにより定数を多くしました。

資料7-7　待機児童問題についての報道（1）

待機児童解消目標の2017年度

0～2歳児

保育の受け皿 5万人不足

政府が待機児童解消の目標年度とした二〇一七年度に、ゼロ～二歳児の保育の受け皿が五万人分不足する見通しであることが、厚生労働省の調査で分かった。子ども・子育て会議に提示した。来年四月に始まる新たな子育て支援制度は、市区町村が住民のニーズを踏まえて保育施設の整備計画を策定する。

全国の市区町村を対象にした厚労省などの調査で、一七年度に保育を必要とするゼロ～二歳児は約百十六万人。一方、保育所などの施設整備で確保できる定員は約百十一万人で、約五万人分足りなかった。

安倍政権は一七年度末までに四十万人分の保育の受け皿を整備する「待機児童解消加速化プラン」を掲げているが、現在の自治体の整備計画では、目標達成が難しいことになる。

厚労省の担当者は会議の中で「現時点での計画に基づく数字で、今後精力的に整備を進める自治体もある」として、受け皿を確保するのは可能だと説明した。

新制度は、認可保育所などの利用要件を緩和し、親がパート勤務や求職中などの場合も対象に加えるため、子どもを預ける親が増えると予想されている。

この日の会議には有村治子女性活躍担当相も出席。新制度の財源に充てる予定だった消費税再増税の延期に関し「新制度の円滑な施行には財源確保が課題だ。最大限の努力を尽くしていく」と強調した。

委員からは「努力だけでは不安」「現場で混乱が出ないようにしてほしい」といった意見が出た。

出所：東京新聞（2014年11月29日付夕刊）

資料7-8　待機児童数の推移

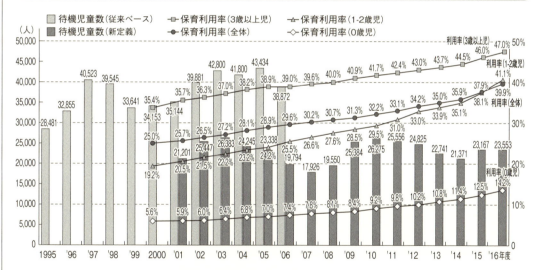

注1：各年4月1日現在（以下、各年にかかる数値は、特段の表示がない限り、すべて4月1日現在）
注2：2001～2006年度については、保育所入所待機児童の定義の変更をうけて、従来ベースのものと、新定義に基づく数値を2つ図示した。2007年より新定義のみが公表されるようになった。なお、新定義は、①他に入所可能な保育所があるにもかかわらず、特定の保育所を希望している場合、②認可保育所へ入所希望していても、自治体の単独施策（いわゆる保育室等の認可外施設や保育ママ等）によって対応している場合は、待機児童数から除くとしている。
注3：利用率は、当該年齢の保育所等利用児童数÷当該年齢の就学前児童数で算出
注4：2015年より子ども・子育て支援新制度が施行されたことを受け、保育所ほか、子ども・子育て支援新制度において新たに位置付けられた認定こども園（幼保連携型、幼稚園型、地方裁量型）、特定地域型保育事業（小規模保育事業、家庭的保育事業、事業所内保育事業、居宅訪問型事業）の数値が含まれるようになった。そのため、2015年からは、認定こども園と特定地域型保育事業も含めた「保育所等利用児童数」での数値となる。

厚生労働省「保育所等関連状況取りまとめ」「保育所の状況」「保育サービスの需給・待機の状況」等、各年資料より作成（年度によって名称変更あり）
出所：全国保育団体連絡会・保育研究所『保育白書2017年版』

せんでした。そこで、2003年に少子化社会対策基本法並びに次世代育成支援対策推進法（2015年までの時限立法）を定めて改革をはかろうとしたのです。

　これらの法律の具体的実施計画として出されたのが「子ども・子育て応援プラン」、次いで「子ども・子育てビジョン」です。

　2004年12月に策定された「子ども・子育て応援プラン」にもとづき、各地方自治体では2009年度末までに達成すべき事業の数値目標をあげて、少子化対策にとりくみました。

　この結果を受けて、2010年度から2014年度まで5年間の後期行動計画を策定したのです。後期行動計画では、とくに数値をあげて各事業を策定することが各自治体に義務づけられました。子育てと仕事の両立を支援するうえでは、男女共同参画社会における育児休業のあり方、病児・病後児保育の量的目標などが重視されました。

　後期行動計画の推進とともに、政府は「子ども・子育てビジョン」を2010年度より5年計画で掲げました。この計画では、子どもや子育てを応援する社会に向けて、子どもが主人公（チルドレン・ファースト）であること、少子化対策としてではなく「子ども・子育て支援」としての計画であることが強調されています。とくに喫緊の課題である待機児童対策について、政府は「待機児童解消加速化プラン」（2013年）を発表して、家庭的保育事業・小規模保育事業などの利用増大につなげました。

資料7-9　認可保育所での死亡事故の推移

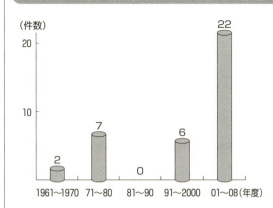

「……『赤ちゃんの急死を考える会』が調べたところ、1962～08年の間に、保育施設での死亡事故は240件あった。うち認可園での事故は37件で、00年までの約40年では15件だったのが、01年からの8年で22件に増えていた。01年は、定員を超えた受け入れ人数の上限が撤廃されるなど、規制緩和があった年。『規制緩和と死亡事故の関連を調査分析しないまま、いっそうの緩和はすべきではない』と同会の寺町東子弁護士は話す。」

図は「赤ちゃんの急死を考える会」調べより作成
出所：朝日新聞（2009年12月8日付）

資料7-10　待機児童問題についての報道（2）

「待機児童ゼロ」3年先送り　今年度末の達成できず

今年4月　なお1.4万人超

■待機児童が多かった自治体

順位	自治体	待機児童数（前年比）	隠れ待機児童数（前年比）
1	東京都世田谷区※	861（-337）	960（-233）
2	岡山市	849（+120）	646（+32）
3	東京都目黒区※	617（+318）	295（-309）
4	千葉県市川市	576（+62）	534（+15）
5	東京都大田区※	572（+343）	1272（-82）
6	兵庫県明石市※	547（+252）	147（+13）
7	大分市※	463（+113）	295（-50）
8	沖縄県沖縄市※	440（+80）	325（-43）
9	東京都江戸川区	420（+23）	1233（+17）
10	東京都府中市※	383（+87）	345（-115）
	政令指定市計	1886（+207）	1万9811
	東京23区計	4889（-48）	1万5147
	昨年4月に100人以上いた41市町計	7706（-283）	8399
	79市区町計	1万4481（-248）	4万3357

※の自治体は「保護者が育休中」の場合も待機児童に含めた。広島市、東京都台東区、中野区、荒川区、鹿児島市は30日時点で未回答

認可保育施設に入れない待機児童＝キーワード＝を解消する時期について、安倍政権は3年遅らせて2020年度末とすることで最終調整に入った。現在は17年度末でも待機児童は多く、達成は絶望的だ。安倍晋三首相が31日にも表明したうえで、政府が6月にまとめる「骨太の方針」に盛り込む。

▼2面＝「いちからわかる」、38面＝予測に甘さ

待機児童

認可保育施設に申し込んで、入れなかった子どものこと。毎年4月時点で自治体ごとに集計する。昨年4月時点では計2万3553人で、2年連続で増えた。施設に入れなかったのに「特定の施設のみを希望」などとして待機児童に含まれない「隠れ待機児童」もおり、昨年は6万7354人だった。

待機児童数は高止まりしている。朝日新聞は20政令指定市と東京23区に加え、昨年4月時点で待機児童が100人以上だったほかの41自治体の計84市区町を対象に、今年4月時点の待機児童は、回答した79市区町で計1万4481人いた。解消の見通しについては、神戸市など11自治体が17年度（18年4月を含む）、11自治体が19年度、26自治体が18年度、東京都世田谷区や福岡県春日市が20年度とした。

待機児童解消の見通しが立たないなか、政権は「待機児童ゼロ」の目標期限を、13年に発表する方針。17年度末までに発表し、17年度末までに解消を盛り込んだ「待機児童解消加速化プラン」に代わる新たな計画も打ち出す。

今回の新計画では、25～44歳の女性の就業率が16年の72.7％から20年代半ばには80％に伸びると仮定。保育施設への入所希望者が増えても対応できるように保育の受け皿を整備していく。施設のほか、保育士らが自分の家などで子どもの世話をする「保育ママ」などの活用を推進していく。今年4月時点で待機児童が最も多かったのは、昨年まで4年続けて全国一の世田谷区で861人（前年比337人減）。849人の岡山市（同120人）が続く。一方、待機児童がゼロだったのは、さいたま、川崎、相模原、名古屋、京都、北九州、熊本の各市と東京都千代田区、豊島区の9市区だった。

「保護者が育児休業中」の場合は自治体によって判断が分かれる。例えば川崎市の待機児童はゼロだが、保護者が育休中の331人を待機児童に含めていない。厚生労働省は3月に定義を見直し、「保護者が育休中」の場合も復職の意思があれば待機児童に含めることで統一した。今回の調査では約3割の26自治体が定義を見直さなかったが、18年度からはすべての自治体で適用することになる。このため、待機児童数はさらに膨らむ可能性がある。

（西村奈巳、足立朋子）

出所：朝日新聞（2017年5月31日付）

4 多様化するニーズに対応する乳児保育
―― 2010〜2015年頃

① 家庭的保育事業の法制度化

　家庭的保育事業は産休明けからの乳児保育の補完として、東京都をはじめとする大都市とその近郊の地方自治体で独自にとりくんできた事業です。もともと1950年代から、この仕事に従事する人を「保育ママ※」と呼んできました。したがって、規定も自治体ごとに異なっているという状況でした。

　2000年に、国としても待機児解消の措置として家庭的保育事業を創設しましたが、国庫補助事業としての家庭的保育事業に移行する地方自治体は少数（**資料7-12**）に留まっているのが実情です。

　2008年の児童福祉法の改正で家庭的保育事業が法制度化されたことにより、家庭的保育の実施については場所、保育人数、連携の仕方などが大きく変化しました。

　従来の家庭的保育の場合には、保育者自身の自宅を保育の場としてきました。ところが2008年の法改正では保育の場を「家庭的保育者の居宅その他の場所」と記し、保育の場に関する規定を緩和したことがわかります。市町村によっては、法人等が雇用する複数の保育士資格を有する家庭的保育者が、同一の建物内で協力しながら保育を実施するようになりました。このような保育をグループ型（定員10人型、15人型）家庭的保育事業と呼んだのです。

　また家庭的保育では、保育者1人あたりの保育する子ども数は3人以下と定められています。たしかに規定上はこれまでとは変わりません。しかし、実際には1人の保育者が3人の乳児を安全に十分配慮して保育するということは困難です。ですから3人以下の子どもを保育している場合でも補助者を依頼している場合が多く（家庭的保育室の8割）あるのです。このような点、実施基準を現実に合わせるべきであると言えましょう。

　これまでは、家庭的保育者は自分自身で地方自治体に登録する形をとっ

※ 児童福祉法第24条「付近に保育所がない等やむを得ない事由があるときは、その他の適切な保護を与えなければならない」の役割に該当する。

資料7-11　少子化対策の推移

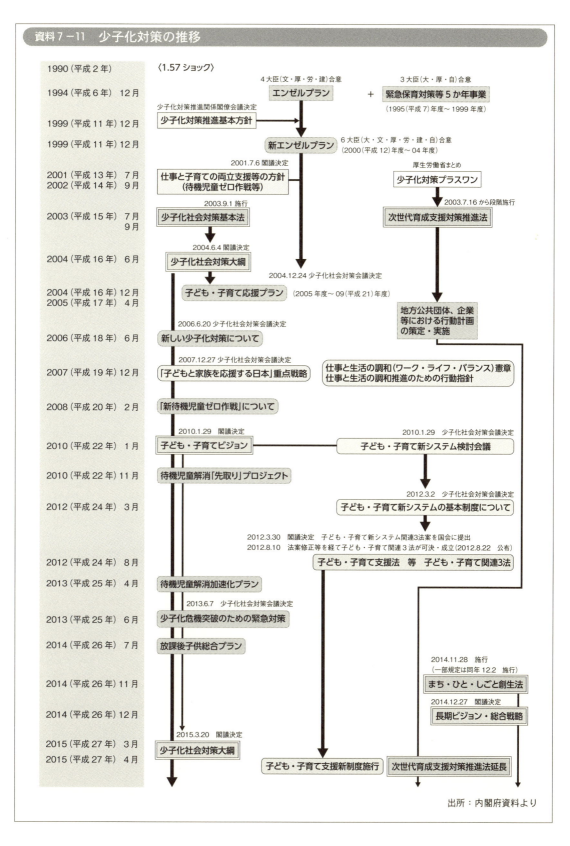

出所：内閣府資料より

てきました。集団保育の場では複数の者が役割を分担して保育を運営しています。たとえば設備備品の購入、安全管理、事故対応、食事に関する事柄などがあげられます。家庭的保育の場合、これらの諸々の保育業務をすべて１人の保育者が担うことになります。保育すること以外の運営面での裁量が、１人の保育者に重くのしかかっていました。また保育者自身が急用を抱える、病気にかかるなどの場合、代替者の手配すら困難な状況でした。

このようなことを解消する手立てとして新たに整えられたのが、近隣の保育所と連携して、家庭的保育に従事する方法です。つまり、保育所からの紹介により、保育を必要とする乳幼児が家庭的保育者に託される方法です。家庭的保育にとりくむことが、保育従事者にとって過重負担にならぬように連携保育所が支援しています。

たとえば、家庭的保育者には保育所保育者の助言を受けること、休暇取得時の代替保育、健康診断の実施などが保障されるようになったのです。

なお家庭的保育は、2015年より実施の子ども・子育て新制度下では地域型保育事業の一つとして運営されることになり、広がりを見せています。

② 病児・病後児保育

保育所を利用している家庭にとって対応に困るのは、子どもが病気にかかった時です。乳児期はとくに病気にかかりやすいものです。しかしながら、乳児保育を必要としている家庭は、わが子が病気だからといって長期間にわたり保育所を休ませ、親あるいはそれに代わる者が看護できる家庭状況ではない場合が大半です。

そこで仕事と家庭の両立のために要求されるのは、病気の時でも子どもの心身に無理のない範囲で預けることのできる施設なのです。日々通所している保育所内に医療関係者を配置し、病児保育の設備も整えることが最良ではあります。しかしながら各保育所の経済的な負担を考慮すると、理想ばかり掲げるわけにもいきません。せめて病気時のための拠点施設くらいは用意する必要があると言えましょう。

このような願いを受けて実施されてきた病後児保育は1994年度より病後児デイサービスモデル事業として、はじめて補助を受けることになりました。次いで、1998年度からは「乳幼児健康支援一時預かり事業」として、

資料7-12 家庭的保育事業（国庫補助事業）について

	2002年度	2003年度	2004年度	2005年度	2006年度	2007年度	2008年度	2009年度	2010年度	2011年度 単独型	2011年度 グループ型	2012年度 単独型	2012年度 グループ型
児童数	102	99	313	276	319	331	491	828	1,535	2,687	598	3,694	978
家庭的保育者数	46	53	103	93	105	99	130	223	448	794	169	1,017	232
実施市町村数	11	9	10	11	13	12	19	27	40	58（グループ型併設を含む）	17（単独型併設を含む）	72（グループ型併設を含む）	16（単独型併設を含む）

【参考　地方単独事業分】

	2002年度	2003年度	2004年度	2005年度	2006年度	2007年度	2008年度	2009年度	2010年度	2011年度	2012年度
児童数	1,413	1,501	1,381	1,509	1,405	1,308	1,537	1,764	2,395	2,423	2,314
保育者数	934	956	910	935	926	894	877	917	1,064	1,036	1,012
実施市町村数	77	78	80	71	63	62	66	68	72	75	75

厚生労働省調べより作成
出所：全国保育団体連絡会・保育研究所『保育白書2013年版』

資料7-13 病児・病後児保育事業の概要

	①病児対応型	②病後児対応型	③体調不良児対応型	④非施設型（訪問型）
事業内容	地域の病児・病後児について、病院・保育所等に付設された専用スペース等において看護師等が一時的に保育する事業		保育中の体調不良児を一時的に預かるほか、保育所入所児に対する保健的な対応や地域の子育て家庭や妊産婦等に対する相談支援を実施する事業	地域の病児・病後児について、看護師等が保護者の自宅へ訪問し、一時的に保育する事業 ※平成23年度から実施
対象児童	当面症状の急変は認められないが、病気の回復期に至っていないことから（病後児の場合は、病気の回復期であり）、集団保育が困難であり、かつ保護者の勤務等の都合により家庭で保育を行うことが困難な児童であって、市町村が必要と認めた乳幼児又は小学校に就学している児童		事業実施保育所に通所しており、保育中に微熱を出すなど体調不良となった児童であって、保護者が迎えに来るまでの間、緊急的な対応を必要とする児童	病児及び病後児
実施主体	市町村（特別区を含む）（市長村が認めた者への委託等も可）			
実施用件	■看護師等：利用児童おおむね10人につき1名以上配置 保育士：利用児童おおむね3人につき1名以上配置 ■病院・診療所、保育所等に付設された専用スペース又は本事業のための専用施設等		■看護師等を常時1名以上配置（預かる体調不良児の人数は、看護師等1名に対して2名程度） ■保育所の医務室、余裕スペース等で、衛生面に配慮されており、対象児童の安静が確保されている場所　等	■預かる病児の人数は、一定の研修を修了した看護師等、保育士、家庭的保育者のいずれか1名に対して、1名程度とすること　等
交付実績（2015年度）	1,395か所		822か所	9か所
補助率	国1／3　　都道府県1／3　　市町村1／3			

内閣府「子ども・子育て支援新制度について」（2017年1月）より作成
出所：全国保育団体連絡会・保育研究所『保育白書2017年版』

回復期の子どもだけでなく急性期の子どもの対応、さらに新エンゼルプランのもとで保育所での実施等が可能になったのです。子ども・子育て応援プラン、その後の子ども・子育てビジョンにおいても数値目標が盛り込まれ、新制度下では地域子ども・子育て支援事業として引き継がれています。

　病児・病後児保育事業は、病児対応型、病後児対応型、体調不良児対応型、非施設型（訪問型）の4類型（**資料7－13**）となっています。病児対応型、病後児対応型は保育所に在籍している乳幼児が利用できます。医療機関以外で実施する場合には、かかりつけ医に受診した後、保護者との協議により保育所で受け入れることになっています。利用料についての定めはとくにありませんので、各自治体で規定を設けている場合が多くなっています。

　病児・病後児保育の対象となるのは、安静にしている必要のある子どもで、かつ保護者の勤務の都合、傷病、事故、出産、冠婚葬祭などにより家庭で育児を行なうことが困難な児童です。病児は、急変は認められないが、病気の回復期には至らず集団保育、家庭保育が困難な児童であり、病後児は回復期にあるが集団保育、家庭保育が困難な児童です。体調不良児対応型の保育の実施は、2007年度より保育所において実施されるようになりました。保育中に体調がすぐれなくなった場合に、保育所が緊急的な対応をすることとなっています。

　病児・病後児保育の実施施設には病院（とくに小児科医院）の併設型、保育所併設型、乳児院併設型、そして単独の病児保育室などがあります。

　実施施設の基準としては、保育室のみならず安静室または観察室も設置するように定められています。また、職員は児童2名に対し1名配置することとなっています。加えて、職員として看護師を配置することも定められています。

　ここでの保育は、個々の子どもが休養をとりながら、より充実した1日を送ることができるように配慮されています。「1日の流れ」の例（**資料7－14**）からもわかるように、病気への対応も含めて安静を保ちつつできるだけ楽しい時間ももてるよう心がけているのです。

　病児保育は、通常の保育とは異なるので利用料も別途必要となります。また、給食を用意する施設もありますが、病気のようすによって食べるものが異なるので保護者に用意してもらうところもあります。

　病児保育は利用者の季節変動が激しく、経営的には不安定であると言え

資料7-14　病児・病後児保育園ミッキーの利用案内

〈ご利用方法〉

登録・申し込み	・登録料は無料。年度毎に登録が必要です。 ・事前登録が原則ですが、利用当日での登録も可能です。 ・ご利用時には、利用申込書に記入して頂きます。 ・急きょ利用される方は当園にお問い合せください。 ・登録用紙は当園、岐阜市役所保育課、岐阜市内の保育園（所）においてあります。 ・市民税非課税世帯（岐阜市居住の児童）は、市・県民税所得課税証明書（両親共に）が必要です。　※ページ下部より登録用紙、利用申込書がダウンロードできます。
利用対象者	岐阜市・大垣市・関市・美濃市・羽島市・美濃加茂市・各務原市 瑞穂市・本巣市・山県市・岐南町・笠松町・神戸町・安八町 揖斐川町・池田町・北方町・大野町　に居住している児童
対象	生後4カ月～小学3年生（神戸町：4か月～就学前児童）
利用日／利用時間	月曜日～土曜日　8：00～18：00　※受け入れは8：00～です。 休園日：日曜日・祝日・年末年始 　☆お迎えは必ず18：00までにお願いします。（時間厳守）
予約受付時間	7：00～19：00（要予約）
キャンセル	7：00～ 7：30（キャンセル料は無料）
料金	一人につき2000円（生活保護世帯、市民税非課税世帯は無料） （必要な方）昼食300円（おやつ込み）　※来園時に頂きます。
持ち物 （※持ち物すべてに記名をお願い致します）	【必ずお持ち頂くもの】 ・保険証 ・印鑑 ・ビニール袋（2枚） ・着替え（2組以上） ・タオル、バスタオル（各1枚） ・薬、薬剤情報提供書 ※食物アレルギーの方は、ご持参ください。　【必要に応じてお持ち頂くもの】 ・乳幼児医療受給者証 ・好きなおもちゃ、本など ・食事用エプロン ・おむつ（10枚以上） ・スタイ ・ほ乳ビン ・おしりふき ・ティッシュ ・食事：離乳食、ミルク、おやつ、飲料水はお子さんの状態に合わせてご用意ください。ただし、お申し出があれば幼児用をご用意いたします。
「ミッキー」の1日の流れ	8：00 来園／10：00 検温・診察／遊び／排泄・手洗い／おやつ／11：00 遊び／検温／手洗い・お薬／お昼食／12：00 排泄・手洗い／お昼寝／15：00 起床・着替え／排泄・手洗い／検温／遊び／手洗い・おやつ／16：00 製作／検温・診察／遊び／18：00 降園 ☆診　察：午前・午後の2回行います。 ☆降園時：保育士から一日の様子、看護師から診察結果・病状をお伝えします。

出所：病児・病後児保育園ミッキー（岐阜市）ホームページ

ましょう。しかし、保護者からの要望は高い事業です。

③ 一時預かり事業

　これまで一時保育とされてきた事業が、2009年4月より一時預かり事業と改称され、さらに子ども・子育て支援新制度下では再編されることとなりました。保育を必要とする3歳未満児に関しては、従来の保育所型と地域密着型が再編された「一般型」と、保育所などの定員に余裕のある場合に受け入れる「余裕活用型」とに分けられました（**資料7-15**）。さらに2015年度からは居宅訪問型も含まれています。

　一時預かりの対象となるのは保育所に在籍していない児童です。保護者の傷病・入院、育児疲れなどで育児の負担を軽減する必要がある場合に、保育所が預かるのです。たとえば、子育てに疲れ果て虐待傾向にある親にとっては、一時預かり事業を利用することで、一定時間わが子との距離をおいてリフレッシュすることができる貴重な機会になります。また、保育士は親子のようすを見て、子育てのアドバイスをしたり他の適切な機関につないだり、紹介したりすることも可能になります。

　このような保育所の子育て支援機能が発揮されるためには、保育士の高度な専門性が必要になります。地域の状況を知り、一時的・不定期な保育の状況でも親子のようすをさぐり、親子それぞれと信頼関係を結ばねばなりません。

　しかし、新制度のもとでは、このような保育士の専門性が低下することが危惧されています。「一般型」では保育士資格者は全体の半分以上でよく、平均利用者がおおむね3人以下の場合は一定の研修修了者を保育士とみなすとされています。また、保育所が一体的に実施する場合は、保育士資格者は1人でもよいこととなりました。

　乳児の待機児童が多い状況下では、一時預かりはその受け皿としての役割を担っています。今後ますます保護者の働き方の多様化・流動化に伴い、このような保育を必要とする家庭は増加するでしょう。だからこそ保育の質の向上が望まれます。

Chapter 7 乳児保育のあゆみ

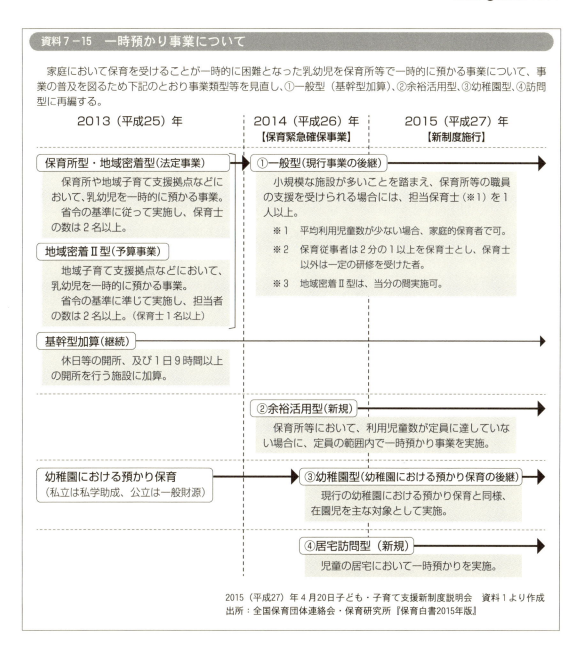

資料7-15　一時預かり事業について

2015（平成27）年4月20日子ども・子育て支援新制度説明会　資料1より作成
出所：全国保育団体連絡会・保育研究所『保育白書2015年版』

④ 地域子育て支援センター事業

　地域子育て支援センターは、2008年より地域子育て支援拠点事業に再編されています。「子ども・子育てビジョン」において1万ヵ所の拠点設置が目標として掲げられ、ひろばセンター、児童館など実施形態の多様化が進みました（2012年度交付決定ベースで5,968ヵ所）。2013年度より「利用者支援」・「地域支援」の機能強化、2015年度からは子ども・子育て支援新制

度の中の地域子ども・子育て支援事業に位置づけられています。

　地域子育て支援センターの事業内容としては、育児不安についての相談事業、子育てサークルの育成支援、特別保育事業等の積極的実施・普及促進、ベビーシッターなど地域の保育資源の情報提供、家庭的保育を行なう者への支援等があります。これらの事業内容のうち、育児相談と子育てサークルの支援をとりあげて見てみましょう。

　まず、育児相談ですが、これには電話やファックスまたはメールによる通信相談、来所相談そして訪問相談の3種があげられます。来所相談の場合は、事前に予約をして直接職員と面談して行なうことになります。場合によっては、複数回の面談が必要となることもあります。また、内容により保健関係者に参加してもらうなどの対応も要します。訪問相談も同様です。しかし、通信相談の場合は、たしかに相談者側にとっては即時に連絡できるという魅力があるのですが、やりとりが一方通行になりやすく、対応の効果について読み取れないことも多く、成果が見えにくいことが難点と言えましょう。

　次に、子育てサークルの支援としては、職員主導型のサークル、親主導型のサークル、場所提供としてのサークルなどがあげられます。職員主導型では、親達の要望を受けとめ職員が開催日時、規定などを定めてサークルを運営していくことになります。たとえ職員が主導となってつくったサークルであっても、時間の経過とともに、親主導型に切り替えていくことがサークルの本来の姿です。サークルの内容も趣味グループ、子育て情報交換グループなど多様化しています。いずれにしても、親が子育てに積極的に向かうことができるか否かが課題となっています。

　親主導型のサークルの場合、地域子育て支援センターで出会った親子同士が、同一の趣味や目的を持って担っていくことが多くあります。たとえば演劇サークルを立ち上げ、仲間を呼びかけて集めるなどの方法をとっています。積極的にリーダーシップを発揮できる親がいないと継続しにくいという難点があります。場所提供型のサークルも親主導型ではありますが、前者と異なるのは、まず親同士の仲間が結成されるという点です。その後、活動場所として地域子育て支援センターを借りるという流れになります。いずれの場合もセンター職員によるフォローがあることが、親たちにとっては心強い頼みの綱なのです。

　また子育て支援センターは、親たちにとって情報獲得の場でもありま

●資料
・幼児保育研究会『最新保育資料集2017』ミネルヴァ書房、2017年4月
・全国保育団体連絡会・保育研究所『保育白書』2013年版・2015年版・2017年版、ひとなる書房
・http://www14.ocn.ne.jp/~tomoiki 小牧内科クリニック（病児保育室ピノキオ）

す。ですからそれぞれのセンターでは、幼稚園や保育所の施設保育についての情報、子どもとの外出に便利な施設紹介や病院情報などを、地域の特色を生かして提供しています。地域子育て支援センターの設置の形態は現在独立型の施設を持つところもあれば、保育所に併設しているところもあります。認定こども園のような総合施設も増えてきています。いずれにしても、子育て支援センターがあることで、安心して子育てのできる環境となるのが望ましい姿と言えるでしょう。

● 演習課題

（1）保育園で実習やボランテイアを行ない、乳児保育室を観察してみましょう。とくに子どもの行動スペース、保育士数に着目して適正な保育条件について考えてみましょう。
（2）家庭的保育室を訪問して、保育者に実情をお尋ねしましょう。この保育の長所とこれからの課題について考えてみましょう。

コラム4

子育て支援──地域の人々とともに子どもの育ちを支える

　保育所は園を利用する保護者だけでなく、地域の保護者に対して、子育てに関する情報提供、相談、助言を行う役割があります。保育所が行なう地域の子育て支援の例として、親子や親の交流のために園を開放したり、一時保育を提供するなどがあります。このとき、保育所は地域で活動しているNPO・ボランティア団体や子育てサークルなどと連携して保育補助や読み聞かせなどを提供することもあります。このような子育て支援に関する情報を地域の親子に提供しているのが児童委員・主任児童委員です。児童委員・主任児童委員は、住民の立場に立ち、子どもや子育て家庭への支援活動を行なう地域のボランティアです。なかでも主任児童委員は子どもに関することを専門的に担当します。主任児童委員は、子どもと関わる関係機関や団体が連携・協働できるように調整するなど、子育て支援のネットワークをつくる役割も担っています。

　保育所にとって地域のさまざまな団体と連携・協働することは、地域の人に保育所のことを知ってもらう機会が増えたり、地域の情報や家庭での子どもの情報などを得たりすることにつながります。このように地域との連携・協働が進みつつありますが課題もあります。それは、地域の団体は保育所の持つ子育ての専門的知識をもっと子育て支援に活用したいと考えていますが、保育所とボランティア団体とに接点がなかったり、保育所が協働する時間を確保することが難しかったりすることです（全国社会福祉協議会　平成19年調査より）。今後は、地域と保育所との橋渡しや調整をどうしたらいいか考えていく必要があるでしょう。

第8章 乳児保育の現状・課題とこれから

1 子ども・子育て支援新制度

　2012年8月、子ども・子育て関連三法（子ども・子育て支援法等）が成立し、2015年4月から子ども・子育て支援新制度がスタートしました。本制度は、幼児期の学校教育・保育、地域の子育て支援の量の拡充や質の向上を進めることを目的にしています。そのため、消費税率が10％になった際の増収分から毎年7,000億円程度が充てられることになっていましたが、消費税率が当面8％になったため、当初計画の財源不足（約2,800億円減）でスタートしました。

① 子ども・子育て支援新制度による新しい施設

　資料8-1のように、新制度は乳幼児の受け入れ先を4つに整理しています。第1は幼稚園で、「小学校以降の教育の基礎をつくるための幼児期の教育を行う学校」です。なお、新制度に入らない幼稚園もあります。第2は保育所です。第3は認定こども園です。「幼稚園と保育所の機能や特長をあわせ持ち、地域の子育て支援も行う施設」です。ポイントにあるとおり、①3～5歳の子どもは保護者の就労状況を問わず入所・入所継続が可能、②子育て支援の場を用意、の2点がその特徴です。第4が地域型保育です。「保育所（原則20人以上）より少人数の単位で、0～2歳の子どもを保育する事業」で、新制度以前の認可外施設のうち、新制度の認定基準をクリアした施設に認められた受け入れ先です。これには4つのタイプがあり、①家庭的保育と②小規模保育とでは受け入れる人数が異なります。③事業所内保育は会社の事業所の保育施設などで従業員の子どもと地域の子

Chapter ❽ 乳児保育の現状・課題とこれから

資料8-1　子ども・子育て支援新制度の概要――乳幼児の受け入れ先

資料8-2　子ども・子育て支援新制度の概要――施設を選ぶ基準

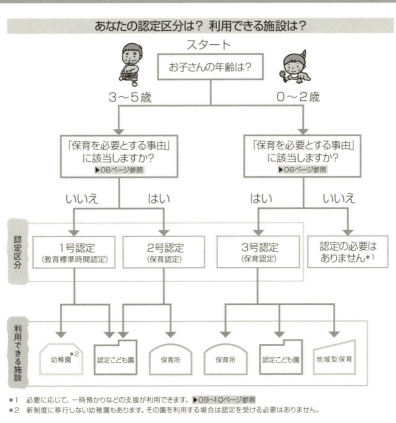

*1　必要に応じて、一時預かりなどの支援が利用できます。▶09～10ページ参照
*2　新制度に移行しない幼稚園もあります。その園を利用する場合は認定を受ける必要はありません。

●共働き家庭でも幼稚園を利用したい場合は？　➡　共働きでも幼稚園での教育を希望される場合は、1号認定を受けることになります。

どもとを一緒に保育する形態です。④居宅訪問型保育は障がい・疾患などで個別のケアが必要な場合などに保護者の自宅で1対1で保育を行なう形態です。家庭的保育と小規模保育は3歳未満児のみを保育するため、3歳児になったら転園することになります。確実に転園するために両施設は「連携施設」をもたなければならないことになっています。

資料8-2にあるとおり、このような施設を選ぶ基準は、①子どもの年齢、②「保育を必要とする事由」(後述)に該当するかどうか、の2つあります。3歳未満児で「保育を必要とする事由」に該当する認定区分は「3号認定」といわれます。

② 入所の手続き──保育必要量の認定

保育所や地域型保育などを利用するためには、市町村の認定を受ける必要があります（ただし、新制度の枠外の幼稚園を利用する場合を除く）。**資料8-3**のように、1号認定の場合は、まず幼稚園などの施設に直接申し込みをし、内定を受けたのちに施設を通じて市町村に認定を申請します。つまり、1号認定の利用者は直接市町村に認定の申請をする必要がありません。他方、2号・3号認定の場合は、まず市町村に直接認定を申請します。手続き的には図のとおりですが、多くの市町村では2から4まで一括して行なうことになります（認定の申請と保育所などの利用希望申込が同時）。ここで「保育の必要性」とは「保育を必要とする事由」のことであり、就労や妊娠・出産だけでなく、求職活動や就学も含まれます。また、育児休業取得中に、すでに保育を利用している子どもがいて継続利用が必要な場合も「保育を必要とする事由」に含まれます。

次に、市町村は「保育の必要量」を調べます。必要量は、利用する保護者の就労時間が基準にされています。月48時間から64時間までの間で就労下限時間が設定され、これを下回ると認定されません。下限時間以上の時間で、月120時間程度就労している場合には「保育標準時間」（最長11時間）、それ以下の場合は「保育短時間」（最長8時間）として認定されます。おおよそフルタイム就労なのかパートタイム就労なのかを想定した区分です。さらに、利用申請者がひとり親家庭や生活保護世帯などの場合には、「優先利用」が認められます。以上をふまえて市町村は利用調整を行ない、あっせんや要請を行ないます。

資料8-3　子ども・子育て支援新制度の概要——入所の手続き

利用手続きの基本的な流れ(イメージ)

1号認定の場合
(幼稚園、認定こども園)

1. 幼稚園などの施設に直接申込みを行います。
   ※市町村が必要に応じて利用支援をします。
2. 施設から入園の内定を受けます。
   ※定員超過の場合などには面接などの選考あり
3. 施設を通じて市町村に認定を申請します。
4. 施設を通じて市町村から認定証が交付されます。
5. 施設と契約をします。

2号・3号認定の場合
(保育所、認定こども園、地域型保育)

1. 市町村に直接認定を申請します。
   ※「3 利用希望の申込み」も同時にできます。
2. 市町村が「保育の必要性」を認めた場合、認定証が交付されます。
3. 市町村に保育所などの利用希望の申込みをします。(希望する施設名などを記載)
4. 申請者の希望、保育所などの状況に応じ、保育の必要性の程度を踏まえ、市町村が利用調整をします。
5. 利用先の決定後、契約となります。

利用調整とは

市町村が定める基準に基づき、保護者の状況などに応じ保育の必要性などから優先順位をつけ、利用する施設などの調整を行うこと。
ひとり親家庭、生活保護世帯、生計中心者の失業、お子さんに障害がある場合などには、保育の優先的な利用が必要と判断される場合があります。

[利用手続きの詳細については、お住まいの市町村にご確認ください。]

ただし、待機児童がない市町村では認定こども園や地域型保育事業所を希望する場合は市町村の利用調整を経ずに直接施設や事業所と契約を結ぶことが可能です。また、保育所の場合は、市町村の保育実施義務がありますので、認定だけでなく保育所を利用するまで市町村が責任をもちます。

　なお、共働き家庭でも幼稚園での教育（預かり保育を合わせて利用するなど）を希望する場合には、１号認定を受けることになるので注意が必要です。

　利用手続きは、市町村によって多少異なります。家庭が抱えている条件によって「優先利用」にもさまざまなバリエーションがあります。

③ 保育にかかる費用——公定価格と保育料

　保育にかかる費用は、「公定価格」にもとづいて支出されます。幼稚園や保育所、認定こども園には「施設型給付」が、地域型保育には「地域型保育給付」がそれぞれ支給されます。ただし、私立保育所の場合は旧来どおり「委託費」が支給されます。公定価格は、基本額と加算額によって算定されます。基本額は、①地域（７区分）、②定員（17区分）、③認定（３区分）、④年齢（４区分）、⑤教育標準時間あるいは保育必要量（３区分）、から決定されます。これに加えて、職員の配置状況や事業の実施体制、地域の実情などに応じた各種加算があります。職員配置加算や主任保育士専任加算、処遇改善等加算などがあげられます。

　資料８－４のとおり、保育料は保護者の所得（市町村民税所得割課税額等）をもとに算出されます。これを「応能負担」と呼んでいます。合わせて、利用する子どもの年齢によっても異なり、年齢の低い子どものほうが年齢の高い子どもよりも高額となっています。また、保育標準時間や保育短時間では保育時間が足りない日があった場合には、延長保育を利用することになります（標準時間と短時間との保育料の違いもあります）。この延長保育の保育料も利用時間によって異なることがほとんどです。

　その他、利用者負担額には実費徴収とそれ以外の上乗せ徴収とがあります。実費徴収は通園送迎費や給食費、文房具費、行事費など、上乗せ徴収は教育・保育の質の向上を図るための費用になります。上乗せ徴収について保育所等は利用者に対し事前に説明し同意を得る必要があります。

　資料８－４のとおり、多子世帯やひとり親世帯等については保育料の負担

Chapter ❽ 乳児保育の現状・課題とこれから

資料8-4 子ども・子育て支援新制度の概要——保育料

保育料は国が定める上限額の範囲内で、それぞれの市町村が定めます。

1 保育料は保護者の所得（市町村民税所得割課税額等）を基に算出されます。

※施設によっては基本となる保育料のほか、スクールバス代などの実費負担や、各施設が独自に質の向上を図る上で必要となる追加の負担額が生じる場合があります。

2 多子世帯やひとり親世帯等については、保育料の負担軽減があります。

＜きょうだいで利用する場合、最年長の子どもから順に2人目は半額、3人目以降は無料となります。＞

1号認定（幼稚園、認定こども園）と2号・3号認定（保育所、認定こども園、地域型保育）で多子計算のカウントの方法が異なります。

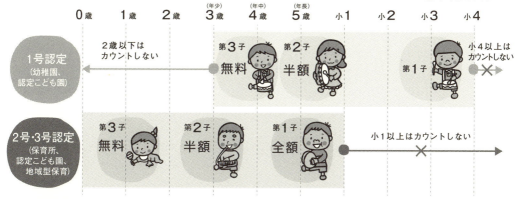

※きょうだいで通園する施設が異なる（認定区分が異なる）場合も、カウントの方法は同じです。
【例】第1子が小3、第2子が5歳（1号認定）で幼稚園を利用、第3子が3歳（2号認定）で保育所を利用している場合
➡第2子：小3以下の範囲で数えて第2子カウントになるので 半額
➡第3子：小学校就学前以下の範囲で数えて第2子カウントになるので 半額

＜年収約360万円未満相当の世帯の場合、軽減措置が拡充されます。＞

※生活保護世帯や、ひとり親世帯等で市町村民税非課税世帯の場合は、第1子から無料です。

資料8-1～4ともに出所：内閣府・文部科学省・厚生労働省『子ども・子育て支援新制度なるほどBOOK 平成28年4月改訂版』

軽減があります。1号認定と2・3号認定とでは負担軽減の範囲に差があります。また、年収約360万円未満相当の世帯の場合には軽減措置が拡充されています。

保育料は市町村によって大きく異なります。ある県では3歳未満児の保育料が6万円台の市町村もあれば、2万円台の市町村もあります。延長保育料も同様です。

なお、2017年12月現在、「幼児教育の無償化」の議論が進められています。3歳以上児は無料で、3歳未満児は所得制限つきの無料の方向です。

2 改定保育所保育指針と乳児保育

① 3法令の同時改訂（改定）

保育所保育指針（以下、指針）が、幼稚園教育要領や幼保連携型認定こども園教育・保育要領とともに改定され、2017（平成29）年3月に告示されました。3法令が同時に改訂（改定）されたのは史上初であり、これにより3施設ともに日本における幼児教育施設として位置づけられたことになります。そのため今回の改訂（改定）では、3施設に共通する「幼児教育のあり方」を明確にするとともに、「乳児期からの発達と学びの連続性」や「小学校教育との接続のあり方」も明示しています。

② 改定保育所保育指針のポイント

改定指針のポイントは以下の7点です。

1点目は、「第1章　総則」に「養護に関する基本的事項」が示され、保育におけるもっともたいせつな原理・原則のひとつとして位置づけられた点です。

2点目は、「第2章　保育の内容」に乳児と1歳以上3歳未満児の保育に関わるねらいおよび内容の記述が大幅に加えられた点です。

3点目は、「育みたい資質・能力」（3つの柱）（**資料8－5**）、「幼児期の終わりまでに育ってほしい姿」（10の姿）がそれぞれ示され（**資料8－6**）、こ

資料8-5　保育所保育指針──「育みたい資質・能力」

小学校以上：知識・技能　／　思考力・判断力・表現力等　／　学びに向かう力・人間性等

※下に示す資質・能力は例示であり、遊びを通しての総合的な指導を通じて育成される。

幼児教育〈環境を通して行う教育〉

知識・技能の基礎
（遊びや生活の中で、豊かな体験を通して、何を感じたり、何に気付いたり、何が分かったり、何ができるようになるのか）

- 基本的な生活習慣や生活に必要な技能の獲得・身体感覚の育成
- 規則性、法則性、関連性等の発見
- 様々な気付き、発見の喜び
- 日常生活に必要な言葉の理解
- 多様な動きや芸術表現のための基礎的な技能の獲得　等

思考力・判断力・表現力等の基礎
（遊びや生活の中で、気付いたこと、できるようになったことなども使いながら、どう考えたり、試したり、工夫したり、表現したりするか）

- 試行錯誤、工夫
- 予想、予測、比較、分類、確認
- 他の幼児の考えなどに触れ、新しい考えを生み出す喜びや楽しさ
- 言葉による表現、伝え合い
- 振り返り、次への見通し
- 自分なりの表現
- 表現する喜び　等

遊びを通しての総合的な指導

- 思いやり・安定した情緒・自信
- 相手の気持ちの受容・好奇心、探究心
- 葛藤、自分への向き合い、折り合い
- 話合い、目的の共有、協力
- 色・形・音等の美しさや面白さに対する感覚
- 自然現象や社会現象への関心　等

・三つの円の中で例示される資質・能力は、五つの領域の「ねらい及び内容」及び「幼児期の終わりまでに育ってほしい姿」から、主なものを取り出し、便宜的に分けたものである。

学びに向かう力・人間性等
（心情、意欲、態度が育つ中で、いかによりよい生活を営むか）

資料8-6　保育所保育指針──「幼児期の終わりまでに育ってほしい姿」

- 健康な心と体
- 自立心
- 協同性
- 道徳性・規範意識の芽生え
- 社会生活との関わり
- 思考力の芽生え
- 自然との関わり・生命尊重
- 数量・図形、文字等への関心・感覚
- 言葉による伝え合い
- 豊かな感性と表現

幼児期の終わりまでに育ってほしい幼児の具体的な姿（※）

健康な心と体	自立心	協同性	道徳性の芽生え	規範意識の芽生え	いろいろな人とのかかわり
思考力の芽生え	自然とのかかわり	生命尊重・公共心等	数量・図形・文字等への関心・感覚	言葉による伝え合い	豊かな感性と表現

※「幼児期の教育と小学校教育の円滑な接続の在り方について（報告）」（平成22年11月11日）に基づく整理。

資料8-5・6ともに出所：中央教育審議会幼児教育部会「幼児教育部会における審議の取りまとめ」2016年8月26日

れらをもとにした「全体的な計画」（乳児を含む）を作成することになった点です。

4点目は、「第3章　健康及び安全」で、アレルギー疾患への対応や食育の充実、事故防止のくふうや災害への備えにおける記述が修正された点です。

5点目は、子ども・子育て支援新制度の理念を反映させて、保育所も子どもを社会全体で育てる施設として子育て支援を担うよう記述が修正された点です。

6点目は、保育士の資質・専門性の向上を目指し、キャリアパスに対応した研修計画を作成するなど、研修の充実が盛り込まれた点です。

そして7点目は、指針が認可保育所だけでなく、小規模保育や家庭的保育などの地域型保育事業でも活用されることを想定してつくられた点です。以下では、1点目と3点目までをより詳細に述べることにします。

③ 改定保育所保育指針と乳児保育

まず1点目についてです。旧指針でも「第三章　保育の内容」のなかで、「養護」とは「子どもの生命の保持及び情緒の安定を図るために保育士等が行う援助や関わり」であり、実際の保育では「養護と教育が一体となって展開されることに留意することが必要」、あるいは養護と教育は「子どもの生活や遊びを通して相互に関連を持ちながら、総合的に展開されるもの」と示されていました。

今回の改定では、これらの内容が「第一章　総則」における「養護の理念」として整理されました。すなわち、「保育における養護とは、子どもの生命の保持及び情緒の安定を図るために保育士等が行う援助や関わりであり、保育所における保育は、養護及び教育を一体的に行うことをその特性とするものである。保育所における保育全体を通じて、養護に関するねらい及び内容を踏まえた保育が展開されなければならない」と示されています。保育所のすべての子どもたちが安全・安心して過ごせるよう、また、子どもの気持ちに寄り添い、子どもの生活状況や実態に合わせて気持ちが前向きになるような環境づくりや働きかけがこれまで以上にたいせつです。

次に、3点目についてです。「育みたい資質・能力」とは、「知識及び技

能の基礎」「思考力、判断力、表現力等の基礎」「学びに向かう力、人間性等」の3つの柱で構成されています（**資料8-5**）。「幼児期の終わりまでに育ってほしい姿」とは、「健康な心と体」「自立心」「協同性」「道徳性・規範意識の芽生え」「社会生活との関わり」「思考力の芽生え」「自然との関わり・生命尊重」「数量や図形、標識や文字などへの関心・感覚」「言葉による伝え合い」「豊かな感性と表現」の「10の姿」です（**資料8-6**）。指針では、この2つを意識して子どもの発達や生活を見据えた「全体的な計画」（これまでの「保育課程」に相当）を作成することが義務づけられました。そしてこの「全体的な計画」を柱に、園全体でPDCA（計画、実践、評価、改善）の体制を整えて、定期的に評価して常に保育の改善を図ることとされています（これをカリキュラム・マネジメントという）。

④ 改定保育所保育指針の課題

　指針に対してはすでにいくつか疑問や懸念が表明されています。「『養護と教育を一体的に行うこと』をあちこちで強調しながらも、養護と教育がバラバラに記述されたことで、現行指針以上に『一体的に行うとはどういうことか』が見えにくくなった」、「『育ってほしい姿』や『発達の連続性』が強調されると、大人の目は将来や未来に奪われがちになるでしょう。そのために、子どもの思いの『いま』が見えなくなってしまうのではと危惧しています」、「小学校との連携においては、『育みたい資質・能力』や『育ってほしい姿』の観点を共有することよりも、現実の子どもの姿を相互に伝え合うことや、互いの実践を交流し合いながら、保育内容・教育内容での接続（積み重ね）を探っていくことこそが大切なのではないでしょうか」（いずれも、大宮勇雄他2017）といったものです。

　今回の改訂（改定）が学習指導要領の改訂と同時に行なわれたことから、「小学校との接続・連携」を強く意識した指針に思えます。今回の指針で新しく盛り込まれた「育みたい資質・能力」や「幼児期の終わりまでに育ってほしい姿」があたかも「到達目標」のように保育現場に受けとめられ、管理的な「カリキュラム・マネジメント」によって子どもたちの自由が奪われるようになるとしたら大きな問題です。「養護と教育を一体的に行うこと」すなわち「保育」の意義を乳児保育の実践を通して学びあうことが求められていると言えます。

おわりに──公的な保育の中での乳児保育の充実を

　待機児童の多い市町村では、職員配置や給食など保育基準の低い地域型保育事業所で多くの乳児が保育されることになります。連携施設といっても、待機児童が多いところで確実に連携施設を確保できるかどうか不安が残ります。少なくとも「3歳の壁」をつくらない行政施策が求められます。ところが、2017年の国家戦略特区法改正により、特区内の小規模保育事業所において、3歳以上児の受け入れが可能になりました。保育基準の低い小規模保育事業所が乳児だけでなく3歳以上児も保育することは「3歳の壁」を減らす待機児童対策とはいえ、保育の質を低下させる規制緩和であることは明らかであり、保育事故の増加も懸念されます。

　新制度の目的は、保育の量的拡大だけでなく質の向上も伴ったものです。すでに、いくつかの市町村では国基準を上乗せした基準を設けて保育を実施しています（資料8−7）。新制度の役割はこれを国基準にすることはもとより、さらに保育の質を向上させる基準に改善することです。また、市町村では、「子ども・子育て支援事業計画」の策定・実施・検証が行なわれており、この進捗を把握し改善するための「子ども・子育て会議」が設置運営されています。市町村レベルにおいては、国基準の改善を待たずとも、現状を的確に把握して必要な施策を講じることが求められます。

　地域型保育事業の拡大ではなく、乳児から就学前まで通い続けられる認可保育所を充実させることが、子どもたちがより豊かに育っていける支援と言えます。

●引用・参考文献
・大宮勇雄他編『どう変わる？　何が課題？　現場の視点で新要領・指針を考えあう』ひとなる書房、2017年

●演習課題

（1）地元や近辺の市町村の「保育料」（正式名称はさまざま）や「子ども・子育て支援事業計画」を入手して、意見を交換し合ってみましょう。
（2）改定指針にみる「幼児期の終わりまでに育ってほしい10の姿」をもとに、乳児保育でこれをどう育てるかについて話し合ってみましょう。

資料8-7　国基準を上回るおもな自治体の保育所基準

		居室面積等	人員配置（児童数：保育士数）
都道府県	山形県	乳児室3.3㎡	（省令基準）
	福島県	乳児室3.3㎡（新設） 医務室の設置（満2歳以上児の入所保育所も）	（省令基準）
	埼玉県	乳児室3.3㎡、（緩和特例） 医務室（全保育所）	（省令基準）
	千葉県	乳児室3.3㎡	（省令基準）
	東京都	乳児室3.3㎡、（緩和特例）2.5㎡ 医務室（全保育所）	（省令基準）
	岐阜県	乳児室3.3㎡	（省令基準）
	愛知県	乳児室3.3㎡	（省令基準）
	広島県	乳児室3.3㎡	（省令基準）
	福岡県	乳児室3.3㎡	（省令基準）
政令市	札幌市	乳児室3.3㎡	（省令基準）
	仙台市	乳児室は乳児5.0㎡、2歳未満幼児3.3㎡ ほふく室は乳児5.0㎡、2歳未満3.3㎡ 2歳以上児入所の保育所は保育室の他に遊戯室を設置	（省令基準）
	さいたま市	乳児室又はほふく室、乳児5㎡、2歳未満児3.3㎡、（市長が認めるときは乳児3.3㎡）	（省令基準）
	千葉市	乳児室3.3㎡、2歳以上児入所の保育所は保育室とは別途遊戯室設置、屋外遊戯場設置（60人未満の保育所に限り、代わるべき場所でも可）	1・2歳児5：1 （既存民間園は当分の間6：1）
	川崎市	乳児室3.3㎡（新築、増改築保育所）	（省令基準）
	横浜市	乳児室3.3㎡（既存保育所は当分の間2.475㎡）	（省令基準）
	相模原市	乳児室3.3㎡	（省令基準）
	名古屋市	乳児室3.3㎡	（省令基準）
	京都市	（省令基準）	1歳～2歳未満5：1、 3歳～4歳未満15：1、 4歳～5歳未満20：1、5歳以上25：1
	大阪市	乳児室又はほふく室乳児5.0㎡、幼児3.3㎡　（緩和特例）乳幼児1.65㎡	（省令基準）
	神戸市	（省令基準）　医務室必置	保育士1人（フリー）加配置
	広島市	乳児室3.3㎡（新築、増改築保育所）	（省令基準）
	北九州市	乳児室3.3㎡（新築、増改築保育所）	1歳児5：1
	福岡市	乳児室3.3㎡	（省令基準）
	熊本市	乳児室又はほふく室乳児4.95㎡、屋外遊戯場（同一又は隣接敷地内）	（省令基準）
中核市	盛岡市	乳児室3.3㎡、保育所内に屋外遊戯場	（省令基準）
	郡山市	乳児室3.3㎡、医務室設置	（省令基準）
	いわき市	乳児室3.3㎡（新設保育所）、医務室設置	（省令基準）
	船橋市	0、1歳児　乳児室、ほふく室とも4.95㎡ 2歳以上児　保育室、遊戯室とも3.0㎡ （経過措置、待機児童対応の緩和特例あり）	（省令基準）
	横須賀市	（省令基準）　調理搬入の特例を削除	乳児2.57：1、1歳児4.5：1、2歳児5.2：1、 3歳18：1、4歳以上27：1 上記に加え保育士を1人追加 上記に加え障害児4.5：1
	金沢市	乳児室5㎡、ほふく室5㎡、保育・遊戯室2㎡、遊戯室、医務室必置 給食の外部搬入は認めない	1歳5：1、3歳15：1、4歳25：1
	豊田市	乳児室3.3㎡	1、2歳5：1、3歳15：1、4歳28：1
	岡崎市	乳児室3.3㎡	1歳4：1、2歳5：1、3歳18：1
	大津市	（省令基準）	1、2歳5：1
	豊中市	（省令基準）	1歳5：1
	尼崎市	（省令基準）　医務室を必置	（省令基準）
	西宮市	乳児室3.3㎡、保育所内に屋外遊戯場	4歳以上20：1
	奈良市	（省令基準）　保育所内に屋外遊戯場、自園調理方式で設備基準の特例を条例化せず	（省令基準）
	福山市	乳児室3.3㎡（新設保育所）	（省令基準）
	高知市	（省令基準）　自園調理方式で設置基準の特例を条例化せず	（省令基準）
	久留米市	乳児室3.3㎡	（省令基準）

2017年4月現在（面積基準には「新・増改築限定」「経過措置」等の用件が付く条例がある）　保育研究所調べ
出所：全国保育団体連絡会・保育研究所『保育白書2017年版』p.81

巻末資料　乳児保育をめぐるおもな動き

1953年（昭和28）	・東京・ゆりかご共同保育所で乳児の集団保育開始 ・各地で無認可、認可保育所による乳児保育広がり始める
1963年（昭和38）	・中央児童福祉審議会保育制度特別部会中間報告「保育問題をこう考える」（通称・保育7原則） ・母親の育児責任の強調、乳児の集団保育否定
1965年（昭和40）	・厚生省「保育所保育指針」
1967年（昭和42）	・美濃部都政誕生（乳児保育の拡大）
1968年（昭和43）	・小規模保育所制度（60名→30名、3割以上3歳未満児入所） ・中央児童審議会保育制度特別部会「保育所における乳児保育対策」
1969年（昭和44）	・厚生省児童家庭局長通達「保育所における乳児保育対策の強化について」 ・乳児保育特別対策開始 ・厚生省保母養成基準と教科内容の改定「乳児保育」教科目設置
1976年（昭和51）	・「育児休業法施行」（教師、保母、看護婦）
1980年（昭和55）	・ベビーホテル問題化する
1986年（昭和61）	・男女雇用機会均等法施行
1989年（平成元）	・乳児保育特別対策（所得制限撤廃）改善
1990年（平成2）	・「保育所保育指針」改定
1992年（平成4）	・「育児休業法」全域に拡大
1994年（平成6）	・緊急保育対策5か年事業策定（1995～1999）待機児童対策始まる
1997年（平成9）	・「児童福祉法等一部改定」通達（入所の措置→保育の実施へ、保育所からの情報提供等、1998.4施行）
1998年（平成10）	・児童福祉施設最低基準改正（0歳児3：1、保母→保育士、1999.4施行） ・乳児保育の一般化（乳児保育指定保育所制度廃止、すべての保育所で乳児保育を実施していく体制にしていく） ・最低基準の弾力的運用（短時間勤務保育士導入、調理業務の委託） ・延長保育「自主事業化」 ・総務庁「児童福祉対策に関する行政監察結果に基づく報告」
1999年（平成11）	・「保育所保育指針」の改定（保育所における子育て支援加わる等、2000.4施行） ・新エンゼルプラン策定（2000～2004）待機児童ゼロ作戦（2001～2004）盛り込まれる ・保育所設置認可規制緩和（企業参入）の動き
2001年（平成13）	・「児童福祉法」の一部改正（保育士資格の法定化、認可外保育施設に対する規制の新設等）
2002年（平成14）	・厚生労働省内検討委員会「児童福祉施設における福祉サービスの第三者評価等に関する報告書」を提出（保育所の第三者評価実施段階に入る） ・保育士養成課程の改定「乳児保育」を講義科目→演習科目に変更 ・育児休業に伴う入所の取り扱いの通知（親が育児休業する場合の入所児童の継続入所扱いについて）
2003年（平成15）	・次世代育成支援対策推進法の制定
2004年（平成16）	・「子ども・子育て応援プラン」策定（2005～2009）に待機児童対策盛り込まれる
2005年（平成17）	・中教審答申「今後の幼児教育のあり方」で幼稚園と保育所の連携及び総合施設のあり方を提言
2006年（平成18）	・「認定こども園」スタート
2008年（平成20）	・「子どもと家庭を応援する日本」で家庭的保育事業の活用促進を打ち出す ・「児童福祉法の一部を改正する法律」で家庭的保育事業を法制化
2009年（平成21）	・「保育所保育指針」改定、4月施行 ・全国社会福祉協議会による「機能面に着目した保育所の環境・空間に係る研究事業」の研究結果出る
2010年（平成22）	・「家庭的保育事業」4月施行 ・厚生労働省　3歳以上児保育所給食の外部搬入で「児童福祉施設最低基準」の一部改正 ・厚生労働省令「児童福祉施設最低基準」を「設備及び運営に関する基準」に改定
2011年（平成23）	・「社会保障・税一体改革案」に「子ども・子育て新システム」案を一体改革として包摂を決定
2012年（平成24）	・「子ども・子育て支援法等子ども・子育て関連三法」制定
2013年（平成25）	・幼稚園教諭免許・保育士資格の併有促進のための期限付き特例施行 ・厚生労働省2015年から「保育所に事故報告義務」
2014年（平成26）	・内閣府・文部科学省・厚生労働省「幼保連携型認定こども園教育・保育要領」施行 ・内閣府による私立幼稚園の新制度移行に関する意向調査で、平成27年度に新制度移行（検討中を含む）は約2割の結果
2015年（平成27）	・「子ども・子育て支援新制度」本格施行
2016年（平成28）	・「子ども・子育て支援新制度」改正
2017年（平成29）	・「保育所保育指針」等改正
2018年（平成30）	・改定「保育所保育指針」等施行 ・幼稚園で2歳児を積極受け入れ

もっと深く学びたい人のために

第1章
- 神田英雄『伝わるこころがめばえるころ——2歳児の世界』かもがわ出版、2004年
- 西川由紀子『子どもの思いにこころをよせて——0・1・2歳児の発達』かもがわ出版、2003年

第2章
- 乳幼児保育研究会『発達がわかれば子どもが見える』ぎょうせい、2009年
- 林万リ『やさしく学ぶ体の発達Part 2——運動発達と食べる・遊ぶ』全障研出版部、2011年

第3章
- 神田英雄『0歳から3歳——保育・子育てと発達研究をむすぶ〔乳児編〕』ちいさいなかま社、2013年
- 赤木和重他『どの子にもあ〜楽しかった！の毎日を』ひとなる書房、2017年

第4章
- 今井和子監修『0・1・2歳の担任になったら読む本——育ちの理解と指導計画』小学館、2014年
- 河邉貴子他『目指せ、保育記録の達人』フレーベル館、2016年

第5章
- 柏木惠子『父親になる、父親をする』岩波ブックレット、2011年
- 大宮勇雄『保育の質を高める』ひとなる書房、2006年

第6章
- 黒澤祐介・服部敬子『若手保育者が育つ保育カンファレンス』かもがわ出版、2016年
- 『現代と保育』89号　特集　変わる保育と保育現場　ひとなる書房、2014年

第7章
- 垣内国光他『日本の保育労働者』ひとなる書房、2015年
- 松島のり子『「保育」の戦後史——幼稚園・保育所の普及とその地域差』六花出版、2015年

第8章
- 中山徹他編『Q＆A保育新制度——保護者と保育者のためのガイドブック』自治体研究社、2015年
- 大宮勇雄他編『どう変わる？　何が課題？　現場の視点で新要領・指針を考えあう』ひとなる書房、2017年

コラム
- 秋田喜代美他『貧困と保育——社会と福祉につなぎ希望をつむぐ』かもがわ出版、2016年
- 佐藤純子編『拡がる地域子育て支援』ぎょうせい、2017年

執筆者紹介

乳児保育研究会

布施佐代子	（ふせ　さよこ）	桜花学園大学	発達心理学	第1章
林　陽子	（はやし　ようこ）	岡崎女子大学・岡崎女子短期大学	乳児保育学	第2章
森田　智美	（もりた　ともみ）	日本福祉大学（非常勤）	乳児保育学	第2章
木村　和子	（きむら　かずこ）	元名古屋短期大学（2019年逝去）	保育学	第3章、コラム2
横井　喜彦	（よこい　よしひこ）	中京学院大学短期大学部	保育学	第3章
韓　仁愛	（はん　いんえい）	和光大学	乳児保育学	第3章
Dalrymple 規子	（だーりんぷる　のりこ）	中部学院大学短期大学部	保育学	第4章
神田　直子	（かんだ　なおこ）	佛教大学（非常勤）	保育学	第5章
大村　恵子	（おおむら　けいこ）	名古屋短期大学名誉教授	教育心理学	第6章
白幡久美子	（しらはた　くみこ）	中部学院大学短期大学部	教育学（幼児教育）	第7章
中村　強士	（なかむら　つよし）	日本福祉大学	社会福祉学	第8章
工藤　英美	（くどう　ひでみ）	日本福祉大学	発達心理学	コラム3、4
柘植　節子	（つげ　せつこ）	元日本福祉大学（非常勤）	乳児保育学	コラム1

本文写真　清明山保育園、NPO法人なのはな、あおいガーデン、かやの木保育園、あいかわ保育園
　　　　　川内松男（p.31、p.110、p.131、p.150）
口絵写真（あそび）　柘植節子

初版以来、下記の方々に執筆いただき、その内容を参考にさせていただきました。感謝申し上げます。
　　　柘植節子さん、土方弘子さん、一盛久子さん、伊藤祐子さん、山本理絵さん、古川芳子さん
　　　　　　　　　　　（2013年逝去）

装画　おのでらえいこ
装幀　山田道弘

改訂5版　資料でわかる　乳児の保育新時代

2018年3月20日　初版発行
2021年8月25日　四刷発行

編著者　乳児保育研究会
発行者　名古屋　研一
発行所　㈱ひとなる書房
東京都文京区本郷2-17-13
TEL 03 (3811) 1372
FAX 03 (3811) 1383
Email：hitonaru@alles.or.jp

Ⓒ2018　印刷／中央精版印刷株式会社
＊落丁本、乱丁本はお取り替えいたします。